라즈베리 파이,
상상을 현실로 만드는 프로젝트 입문편

ISBN 978-89-314-5944-9

독자님의 의견을 받습니다

이 책을 구입한 독자님은 영진닷컴의 가장 중요한 비평가이자 조언가입니다. 저희 책의 장점과 문제점이 무엇인지, 어떤 책이 출판되기를 바라는지, 책을 더욱 알차게 꾸밀 수 있는 아이디어가 있으면 팩스나 이메일, 또는 우편으로 연락주시기 바랍니다. 의견을 주실 때에는 책 제목 및 독자님의 성함과 연락처(전화번호나 이메일)를 꼭 남겨 주시기 바랍니다. 독자님의 의견에 대해 바로 답변을 드리고, 또 독자님의 의견을 다음 책에 충분히 반영하도록 늘 노력하겠습니다.

주 소 : (우)08505 서울시 금천구 가산디지털2로 123 월드메르디앙벤처센터 2차 10층 1016호
　　　　(주) 영진닷컴 기획1팀

이메일 : support@youngjin.com

파본이나 잘못된 도서는 구입처에서 교환 및 환불해 드립니다.

STAFF

저자 이준혁 | **총괄** 김태경 | **기획** 정소현 | **디자인** 지화경 | **편집** 박다혜 | **제작** 황장협

영업 박준용, 임용수 | **마케팅** 이승희, 김다혜, 김근주, 조민영 | **인쇄** 서정바인텍

라즈베리 파이,

상상을 현실로 만드는 프로젝트

입문편

YoungJin.com Y.
영진닷컴

이 책의 머리말

─────────

이준혁

아두이노 입문편과 실전편을 내고 거의 2년이 지나 라즈베리 파이 입문편을 냈다. 세간에서 코딩 교육과 관련해 아두이노와 라즈베리 파이에 대한 이야기를 많이 한다. 하지만 아두이노와 라즈베리 파이는 성격이 매우 다르다. 아두이노는 소위 피지컬 컴퓨팅, 쉽게 말해 전자부품을 이용해 무언가를 쉽게 만들 수 있도록 하는 하드웨어 플랫폼이라면 라즈베리 파이는 코딩 교육을 위한 콘텐츠 플랫폼이라 할 수 있다. 라즈베리 파이는 우리가 일반적으로 아는 윈도우 PC나 맥과 같이 리눅스 운영체제가 돌아가는 컴퓨터다. 우리가 PC와 맥에서 다양한 프로그램을 실행하듯이 라즈베리 파이를 통해 다양한 프로그램을 실행할 수 있다. 단지, 그와 같은 PC나 맥에 비해 가격이 싸다는 점과 아이들도 쉽게 사용할 수 있도록 콘텐츠가 많이 있다는 것이다.

안타까운 점은 라즈베리 파이가 처음 나오고, 국내에 들어온 지 꽤 많은 시간이 지났음에도 아직 우리 아이들에게 라즈베리 파이는 여전히 생소하다는 것이다. 뭐 불과 몇 년까지 아두이노가 임베디드 개발을 위한 도구로써 더 많이 알려진 것과 별반 다르지 않다. 심지어 컴퓨터 전공 대학생에게서 조차 라즈베리 파이가 어렵다고 하는 얘기를 종종 듣는다. 이러니 한국에서 일반 초등학생이나 중학생이 라즈베리 파이를 다루는 모습을 보는 건 거의 불가능하다. 이와 같은 편견에 어느 정도 우리 어른들이 일조했다고 본다. 국내 라즈베리 파이 관련 프로젝트를 보면 너무 난이도가 높고, 전문 지식을 필요로 하는 경우가 대다수다. 이제 이와 같은 라즈베리 파이에 대한 편견을 깨야 한다고 본다.

필자의 경우 어렸을 때부터 프로그래밍 공부를 하진 않았지만, 컴퓨터에 관심은 많았다. 그래서 컴퓨터를 분해하고 조립하고 망가뜨리고 하는 걸 많이 했다. 아이들에게 코딩 교육을 가르치는 건 여러 이유가 있지만 그중 하나가 아이들이 컴퓨터와 친해지게 하기 위함이다. 라즈베리 파이도 그와 같은 이유로 만들어진 것이다. 아이들이 컴퓨터와 친해지기 위해 막 만지고 망가뜨리고 할 수 있도록, 그러면서 가격은 비싸지 않게 만든 것이 라즈베리 파이다. 라즈베리 파이의 단품 가격이 대략 2~4만 원 정도 하는데, 어떤 부모들은 부담이 될 수도 있다. 하지만 이 가격에 윈도우 PC나 맥을 구매할 수 있을까? 이왕 아이들이 컴퓨터를 마음껏 망가뜨릴 수 있게 한다면 몇 십만 원짜리 윈도우 PC나 맥을 사줄 것인가? 물론 이렇게 말해도 라즈베리 파이가 그렇게 쉽게 망가지진 않는다.

라즈베리 파이로 아이들이 어떤 것을 할 수 있을까? 이젠 라즈베리 파이가 나온 지 워낙 오래돼서 라즈베리 파이 재단에서 제공하는 콘텐츠가 정말 많고 다양하다. 한번 살펴보면 다음과 같은 것을 할 수 있다. 아두이노를 이용해 LED와 버튼을 제어하는데, 이걸 라즈베리 파이에서도 할 수 있다. 오히려 아두이노처럼 C라는 프로그래밍 언어를 모르더라도, 아이들이 쉽게 할 수 있는 스크래치를 이용해 LED와 버튼을 제어할 수 있다. 아이들이 가장 좋아하는 게임인 마인크래프트도 할 수 있다. 단순히 마인크래프트를 하는 것만이 아니라 파이썬이라는 언어를 이용해 프로그래밍으로 마인크래프트 속 세상을 제어할 수 있다. 또한 라즈베리 파이에 연결할 수 있는 여러 장치가 있는데, 파이 카메라를 통해 사진이나 동영상을 찍거나 Sense HAT이라는 것을 통해 멋진 LED 매트릭스와 다양한 센서를 사용할 수 있다. 물론 이 장치들을 제어하는 것도 스크래치나 간단한 파이썬을 통해 제어 가능하다. 이 외에도 라즈베리 파이의 매력을 높여줄 수 있는 다양한 프로젝트가 존재한다. 라즈베리 파이로 영화나 사진을 편하게 감상할 수 있게 해주는 OSMC, 온 가족이 둘러앉아 추억의 게임을 할 수 있게 해주는 RetroPie, 라즈베리 파이를 나만의 전광판으로 만들어주는 Screenly OSE 등 다양한 프로젝트가 아이들을 기다리고 있다. 일단 아이들에게 이 책과 함께 라즈베리 파이를 주고 마음껏 가지고 놀게 해보자.

마지막으로 이 책을 쓸 수 있게 해준 영진닷컴에 감사드린다. 그리고 라즈베리 파이를 만든 에벤 업튼과 라즈베리 파이 재단 또 전 세계적으로 코딩 교육을 위해 봉사하는 코드 클럽에 감사한다. 이분들이 없었으면 내 책이 나올 수 없었다. 솔직히 내 책의 거의 많은 내용이 라즈베리 파이 재단의 커리큘럼과 콘텐츠를 차용했다. 그리고 키트와 여러가지 지원을 많이 해준 나의 파트너인 디바이스마트에 감사한다! 끝으로 항상 내 옆에서 응원해주는 아들 현성이와 아내에게 감사한다. 솔직히 내 아들이 봤으면 하는 마음에 이 책을 쓴 이유가 더 크다. 사랑해 현성아 그리고 자기야♡

이 책의 구성

PART 01 :: 라즈베리 파이 시작하기

라즈베리 파이가 어떻게 만들어지게 됐고, 소프트웨어 교육 도구로 라즈베리 파이는 어떤 장점을 가지고 있는 지 살펴봅니다. 또한 라즈베리 파이로 할 수 있는 프로젝트들에 대해 간단히 소개합니다.

PART 02 :: 라즈비안 설치하기

라즈베리 파이의 운영체제인 라즈비안을 설치해봅니다. 그리고 라즈베리 파이를 사용하는 데 필요한 것들을 준비하고, 라즈비안 외에 라즈베리 파이에 설치할 수 있는 다른 운영체제들도 살펴봅니다.

PART 03 :: 라즈베리 파이를 위한 파이썬 기초

라즈베리 파이를 사용할 때 알아두면 좋을 파이썬 기초에 대해 배웁니다. 데이터는 프로그래밍의 재료라 할 수 있는데, 이 데이터를 담는 그릇인 변수와 편리한 도구 같은 함수에 대해 설명합니다. 또한, 컴퓨터가 스스로 판단하고 움직일 수 있도록 하거나 계속 똑같은 것을 반복하게 만드는 방법도 배웁니다.

PART 04 :: 라즈베리 파이 살펴보기

라즈베리 파이가 할 수 있는 것들이 무엇이 있는지 살펴봅니다. 간단한 텍스트 출력부터 1080p 동영상 재생, 3D 그래픽 프로그램 등을 돌려보고 오디오 재생도 해봅니다.

PART 05 :: 스크래치

라즈비안에 있는 스크래치를 실행해봅니다. 라즈비안에 있는 스크래치로 라즈베리 파이를 제어할 수 있습니다. 스크래치를 이용해 LED를 깜빡이거나, 버튼을 눌렀을 때 스크래치에서 인식하도록 해봅니다.

PART 06 :: 마인크래프트

라즈비안에 있는 마인크래프트를 실행해봅니다. 라즈비안에 있는 마인크래프트는 앞에서 배운 파이썬을 이용해 제어할 수 있습니다. 예로 캐릭터가 지나가는 곳마다 꽃을 뿌리거나, 거대한 TNT 블록 더미를 만들어서 폭발시키는 것을 해봅니다.

이 책의 목차

이 책을 보는 법

'라즈베리 파이, 상상을 현실로 만드는 프로젝트 입문편'은 영진닷컴 라즈베리 파이 유튜브 채널의 저자가 직접 제작한 동영상 강의를 통해 좀 더 쉽고 재미있게 라즈베리 파이를 배울 수 있습니다.

주소 | https://bit.ly/2MXjyGF

도서 및 동영상 관련 문의 사항은 저자 이메일(neosarchizo@gmail.com) 또는 영진닷컴 라즈베리 파이 유튜브 채널에 언제든지 남겨주세요.

PART

01

라즈베리 파이
시작하기

이번 장에서는 라즈베리 파이가 어떻게 만들어지게 됐고, 소프트웨어 교육 도구
로 라즈베리 파이는 어떤 장점을 가지고 있는 지 살펴봅니다. 또한 라즈베리 파
이로 할 수 있는 프로젝트들에 대해 간단히 소개합니다.

라즈베리 파이의 탄생

사람들은 아두이노의 경쟁 제품으로 라즈베리 파이 이야기를 많이 해요. 그런데 아두이노와 라즈베리 파이는 성격이 완전히 다른 제품이에요. 아두이노는 주로 하나의 일만 할 수 있고, 라즈베리 파이는 한 번에 여러 가지 일을 할 수 있어요. 둘 중 무엇이 좋다고 말할 수 없지만 아두이노를 제대로 사용하려면 다른 전자부품이 필요한 반면 라즈베리 파이는 혼자서도 다양한 것을 할 수 있다는 특징이 있어요.

그림 1-1   아두이노와 라즈베리 파이

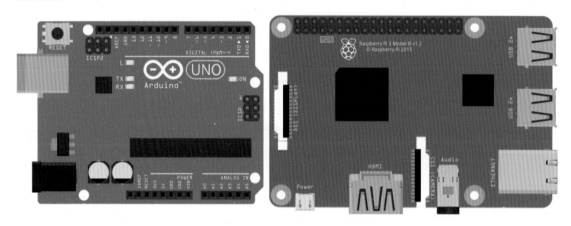

그렇다면 라즈베리 파이는 어떻게 만들어지게 된 걸까요? 라즈베리 파이를 만든 사람은 에벤 업튼이라는 사람이에요. 에벤 업튼은 캠브리시 내학에서 컴퓨터 공학 박사 과정을 했고, 이때 학부생 수업을 관리하는 일을 했어요. 그가 학교에 있는 동안 컴퓨터 공학에 지원하는 신입생들의 수가 매년 줄어들었어요. 게다가 자기소개서에 신입생들이 컴퓨터로 하는 일들을 소개한 것 또한 흥미 있는 내용이 거의 없었죠. 이런 모습을 보고 에벤 업튼은 왜 이렇게 컴퓨터가 인기가 없어지고, 재미없는 것으로 보여지게 됐는지 궁금했어요. 그리고 어떻게 하면 컴퓨터가 재미있다는 것을 많은 사람들에게 알릴 수 없을까 고민하기 시작했어요.

그러면서 자신이 컴퓨터를 좋아하게 된 과거를 생각해봤어요. 그가 어릴 적 1980년대에는 BBC 마이크로 컴퓨터, 코모도어 64, TRS 80과 같은 가정용 컴퓨터들이 있었어요. 당시 교실에도 이와 같은 컴퓨터가 1대 정도는 있었고, 이 컴퓨터들을 이용해 컴퓨터가 아닌 다른 과목을 가르치기 위한 도구로 활용이 많이 됐어요. 그런데 이 컴퓨터들이 요즘 컴퓨터들과 달랐던 점은 프로그램을 만들어 넣어주지 않으면 할 수 있는 게 거의 없었다는 거예요. 대신 베이직 같은 쉬운 프로그래밍 언어를 이용해 프로그램을 만들 수 있었어요. 그래서 그런지 아이들은 자신이 원하는 프로그램을 돌리기 위해 스스로 프로그래밍을 공부해 프로그램을 만드는 경우가 많았어요. 그리고 이런 과정을 통해 아이들은 컴퓨터를 장난감처럼 갖고 놀았어요. 따라서 에벤 업튼은 요즘 아이들에게도 취미로 갖고 놀 수 있는 컴퓨터가 필요하다고 생각했어요.

그림 1-2 BBC 마이크로 컴퓨터(Picture by bit.ly/2uv9DvQ)

그림 1-3 코모도어 64(Picture by bit.ly/2zxPcnZ)

그림 1-4 TRS 80(Picture by bit.ly/2zH9RFU)

2012년 초 에벤 업튼은 라즈베리 파이라는 신용카드만 한 크기의 컴퓨터를 출시해요. 가격도 35불 정도로 매우 저렴했죠. 너무 저렴해서 중국에서 더욱 저렴한 라즈베리 파이 복제품을 팔지 못할 정도였어요. 첫 번째 모델이 나온 이후로 새로운 모델들이 나오면서 계속 업그레이드되었는데, 2017년 7월 기준으로 그동안 약 1,500만대 정도가 팔렸다고 해요. 에벤 업튼은 단순히 라즈베리 파이라는 컴퓨터만 만드는데 그치지 않고 라즈베리 파이 재단을 통해 학교 선생님들이 라즈베리 파이를 이용해 쉽게 수업을 할 수 있도록 다양한 커리큘럼과 수업 자료도 제공하고 있어요. 이제는 에벤 업튼이 있는 영국의 경우 교실에서 라즈베리 파이를 재미있게 갖고 노는 아이들을 쉽게 찾아볼 수 있어요.

그림 1-5 라즈베리 파이 1 모델 A(Picture by bit.ly/2utdQQQ)

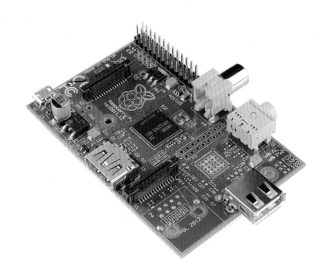

라즈베리 파이는 아두이노와 많이 다르다고 했는데, 우리가 일반적으로 사용하는 윈도우나 맥 컴퓨터와 같아요. 모니터와 마우스, 키보드를 연결하면 데스크탑이 되죠. 그리고 윈도우와 맥과 같은 운영체제도 돌아가요. 다른 운영체제처럼 웹 브라우저로 인터넷 서핑을 하거나 문서 도구로 필요한 문서를 만들거나, 프로그램 도구를 이용해 원하는 프로그램을 만들 수도 있어요.

라즈베리 파이의 이름은 왜 라즈베리 파이일까요? 라즈베리는 우리나라 말로 산딸기예요. 그럼 산딸기 피이라는 뜻일까요? 라즈베리 파이의 영어 스펠링을 보면 'Raspberry Pi'로 되어 있어요. 앞에 Raspberry는 산딸기가 맞지만 뒤에 Pi는 좀 특별한 뜻을 가지고 있어요. Pi는 'Python interpreter'의 약자로, 파이썬(Python)은 프로그래밍 언어 중 하나이고 인터프리터(interpreter)는 통역가 또는 해석가로 번역이 되는데 컴퓨터 쪽에서는 특별한 역할을 하는 것을 뜻해요. 우리가 흔히 듣는 소스 코드는 컴퓨터에게 시킬 일을 사람이 알아들을 수 있는 말로 정리한 것을 뜻해요. 이 소스 코드를 컴퓨터에게 바로 주면 컴퓨터는 무슨 뜻인지 못 알아들어요. 따라서 컴파일이라는 과정을 통해 컴퓨터가 알아들을 수 있는 말로 바꿔줘야 해요. 반면 컴퓨터 안에 인터프리터가 있다면 컴파일이라는 과정 없이 컴퓨터가 곧바로 소스 코드를 이해하고 동작할 수 있어요. 따라서 파이썬 인터프리터가 라즈베리 파이에 있다는 것은 파이썬으로 쓴 소스 코드를 컴파일이라는 과정 없이 곧바로 라즈베리 파이가 이해하고 실행하게 할 수 있다는 뜻이에요. 즉, 라즈베리 파이는 파이썬을 이용해 재미있는 것을 할 수 있는 컴퓨터예요.

Picture by bit.ly/2zzVu6p

많은 아이들이 좋아하는 마인크래프트라는 게임이 라즈베리 파이에서 돌아가요. 라즈베리 파이의 운영체제인 라즈비안을 설치하면 마인크래프트가 기본적으로 설치되어 있어요. 그런데 라즈베리 파이에 있는 마인크래프트는 기존 마인크래프트와는 좀 달라요. 앞서 말한 파이썬이란 언어를 이용해 쉽게 마인크래프트를 해킹할 수 있도록 되어 있어요. 해킹이 나쁜 뜻만 가지고 있는 것이 아니기 때문에 오해하지 말아 주세요. 예를 들어 파이썬 프로그램을 짜서 마인크래프트 내에 어마어마한 건물을 만들거나 캐릭터가 지나는 곳마다 꽃이 피도록 만드는 것을 할 수 있어요.

또한 아두이노에 LED, 버튼과 같은 전자부품을 연결해 재미있는 것들을 만드는 것처럼 라즈베리 파이도 마찬가지로 전자부품을 연결해 다양한 것을 만들어 볼 수 있어요. 라즈베리 파이는 전자부품을 제어할 때도 파이썬을 이용해요. 라즈베리 파이는 아두이노보다 성능이 더 좋기 때문에 파이 카메라와 같은 것을 연결해 영상 관련된 프로젝트를 쉽게 만들 수 있어요. 그리고 아두이노는 쉴드라는 것이 있어 손쉽게 하드웨어를 연결할 수 있듯이 라즈베리 파이에도 햇(HAT)이라는 것이 있어 원하는 기능의 하드웨어를 간단하게 연결해 사용할 수 있어요.

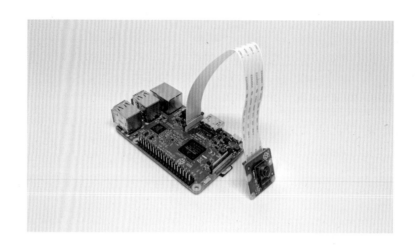

라즈베리 파이에는 파이썬만 있는 것이 아니에요. 라즈베리 파이에서 스크래치도 할 수 있어요. 마인크래프트와 마찬가지로 라즈비안을 설치하면 기본적으로 설치되어 있어요. 마인크래프트와 마찬가지로 라즈베리 파이의 스크래치도 기존 스크래치와 좀 달리요. 스크래치를 이용해 라즈베리 파이에 연결된 전자부품을 제어할 수 있고, 앞서 소개한 마인크래프트를 스크래치를 통해 해킹할 수도 있어요.

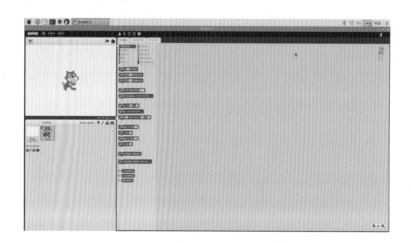

파이썬을 나중에 배우면 알겠지만, 상당히 쉽고 간단해요. 그런데 파이썬 만큼이나 쉬운 언어 중의 하나가 루비예요. 라즈비안을 설치하면 기본적으로 소닉 파이라는 것이 설치되어 있는데, 이 소닉 파이가 루비를 이용해 재미있는 음악을 만들 수 있는 프로그램이에요.

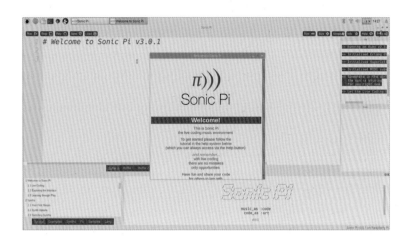

이렇게 라즈베리 파이는 소프트웨어 교육과 관련된 다양한 콘텐츠를 가지고 있어요. 게다가 라즈베리 파이 재단 홈페이지(www.raspberrypi.org)에 들어가면 소프트웨어 교육에 필요한 다양한 교육 자료들을 이용할 수 있어요.

라즈베리 파이로 할 수 있는 것들

라즈베리 파이를 이용해 다양한 프로젝트를 할 수 있어요. 또한 프로젝트를 만드는 방법들이 거의 다 공개되어 있기 때문에 원한다면 똑같이 만들어 볼 수도 있어요. 이 중 재미있는 프로젝트로 어떤 것들이 있는지 한번 살펴볼까요?

01 | 슈퍼 컴퓨터(bit.ly/2zCbV26)

라즈베리 파이 자체는 그렇게 좋은 성능을 가지고 있지 않아요. 가격에 비해 성능이 괜찮은 편인거죠. 하지만 라즈베리 파이가 상당히 저렴하기 때문에 여러 라즈베리 파이를 사고 하나로 묶으면 생각보다 좋은 컴퓨터를 만들 수 있어요. 여기 소개된 프로젝트에 들어가면 라즈베리 파이 여러 개를 연결해 슈퍼 컴퓨터를 만드는 방법이 나와 있어요.

Picture by bit.ly/2zCbV26

02 | 사물인터넷(bit.ly/2urfXEP)

라즈베리 파이를 이용해 사물인터넷을 구현할 수 있어요. 이 프로젝트가 집 안에 있는 가전제품들을 라즈베리 파이에 연결해 제어할 수 있는 방법을 소개하고 있어요. 라즈베리 파이가 다른 윈도우, 맥 컴퓨터와 같다고 소개했듯이, 라즈베리 파이에 서버를 돌려 집 밖에서 집 안에 있는 가전제품을 제어할 수 있어요. 원한다면 카메라도 연결해 집 안을 볼 수도 있어요.

Picture by bit.ly/2urfXEP

03 | 홈시어터

라즈베리 파이를 이용해 홈시어터를 꾸밀 수 있어요. 영화를 보기 위해 불편하게 컴퓨터를 TV에 연결할 필요 없이 라즈베리 파이로 나만의 미디어 센터를 만들어 편하게 볼 수 있어요. 단지 OSMC라는 미디어 센터용 프로그램을 라즈베리 파이에 설치해주기만 하면 돼요. OSMC를 이용해 유튜브(YouTube)나 다른 콘텐츠도 편하게 이용할 수 있어요. OSMC는 뒤에서 한 번 더 자세히 소개할게요.

04 | 추억의 오락실

요즘은 오락실들이 많이 없지만, 옛날에는 마을마다 오락실이 있어서 동네 아이들이 시간 가
는 줄도 모르고 오락을 하곤 했어요. 이런 추억의 오락실을 라즈베리 파이를 이용해 만들 수
있어요. OSMC처럼 라즈베리 파이에 RetroPie라는 게임용 프로그램을 설치해주기만 하면
돼요. RetroPie를 이용해 옛날 닌텐도, 플레이스테이션 등 다양한 종류의 게임을 즐길 수 있
어요. RetroPie도 뒤에서 자세히 소개할게요.

PART

02

라즈비안 설치하기

이번 장에서는 라즈베리 파이의 운영체제인 라즈비안을 설치해봅니다. 그리고
라즈베리 파이를 사용는데 필요한 것들을 준비하고, 라즈비안 외에 라즈베리 파
이에 설치할 수 있는 다른 운영체제들도 살펴봅니다.

라즈베리 파이를 사용하기 위해 필요한 것들

이제는 라즈베리 파이가 나온 지 꽤 시간이 지나서 다양한 종류의 라즈베리 파이가 존재해요. 라즈베리 파이 1부터 3 B+(플러스)까지 있고, 최근에는 라즈베리 파이 제로 W라는 모델도 나왔어요. 이 중 어떤 모델을 사용하는 것이 좋을까요? 컴퓨터를 사용할 때 요즘은 인터넷이 기본이죠. 라즈베리 파이도 인터넷에 연결할 수 있어요. 랜선이나 WiFi를 이용해 인터넷에 연결하면 돼요. 그리고 가급적 유선보다 무선이 편하겠죠? 라즈베리 파이 3 B+와 라즈베리 파이 제로 W는 기본으로 무선 WiFi에 연결할 수 있어요. 다음 그림에 첫 번째가 라즈베리 파이 3 B+고 두 번째가 라즈베리 파이 제로 W예요. 그 이전 모델들은 WiFi에 연결하기 위해 WiFi 동글을 끼워줘야 해요. 그렇기 때문에 이왕 사용할 거라면 라즈베리 파이 3 B+나 라즈베리 파이 제로 W를 추천해요. 참고로 W가 뒤에 안 붙은 그냥 라즈베리 파이 제로는 WiFi 연결이 안 되기 때문에 헷갈리지 마세요.

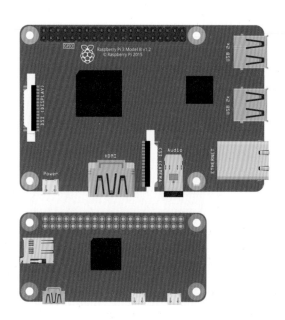

아두이노에 다양한 센서와 액추에이터를 연결하듯이 라즈베리 파이에도 다양한 전자부품을 연결할 수 있어요. 아두이노처럼 라즈베리 파이에서도 전자부품을 연결하는 부분을 핀이라고 불러요. 라즈베리 파이 3 B+는 점퍼 와이어를 연결할 수 있는 핀 헤더가 기본으로 납땜 되어 있어요. 하지만 라즈베리 파이 제로 W는 핀 헤더가 납땜 되어 있는 게 있고, 안 되어 있는 게 있어요. 따라서 제품을 살 때 납땜이 되어 있는지 확인하는 게 좋아요. 그리고 라즈베리 파이 제로 W는 라즈베리 파이 3 B+보다 크기가 많이 작고 가격도 저렴하다는 장점이 있어요.

다음은 라즈베리 파이의 전원을 연결할 전원 어댑터가 필요해요. 라즈베리 파이의 전원은 주로 마이크로 5핀이라고 부르는 Micro B USB 케이블로 연결해요. 대게 휴대폰 충전기가 Micro B USB로 되어 있죠. 라즈베리 파이를 작동시키려면 전압이 5V여야 해요. 그리고 5V 1A 어댑터부터 사용할 수 있어요. 하지만 라즈베리 파이에 센서와 액추에이터 등을 연결하면 전류를 많이 먹기 때문에 5V 1A 어댑터를 연결했을 때 중간에 전원이 꺼질 수도 있어요. 따라서 5V 2A나 5V 3A 어댑터를 쓰는 게 좋아요. 그런데 라즈베리 파이에 어댑터를 연결해 전원만 넣는다고 동작하진 않아요. 라즈베리 파이가 동작하려면 microSD 카드를 끼워줘야 해요. 이 microSD 카드에 라즈베리 파이에서 실행할 운영체제를 넣는 거예요. 운영체제를 넣고 다양한 프로그램을 돌리기 때문에 최소 8GB 이상의 microSD 카드를 써야 해요. 가급적 나중에 용량이 부족한 일이 없기 위해 16GB 이상의 microSD 카드를 추천해요. 참고로 microSD 카드를 일반 SD 카드 소켓에 끼울 수 있도록 하는 젠더나 리더기도 준비해주세요.

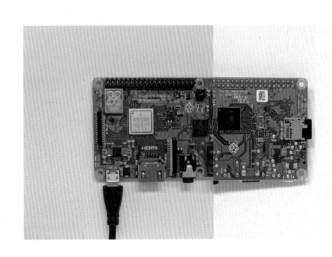

전원 어댑터와 microSD 카드가 있다면 이제 라즈베리 파이를 작동시킬 수 있어요. 그런데 문제가 하나 있어요. 만약 여러분의 노트북이나 데스크탑이 모니터에 연결되어 있지 않다면 어떨까요? 바로 라즈베리 파이도 사용하기 위해 모니터를 연결해줘야 해요. 모니터를 연결할 때 HDMI 케이블을 이용해 연결해요. 기본적으로 TV나 모니터에 연결하는 일반 HDMI 케이블을 사용하면 돼요. 그런데 라즈베리 파이 제로 W 같은 경우에는 mini HDMI를 사용해요. 따라서 일반 HDMI 케이블을 이용해 연결하려면 mini HDMI를 일반 HDMI로 바꿔주는 젠더라는 것을 사용해야 해요.

노트북이나 데스크탑에 키보드와 마우스가 있듯이 라즈베리 파이에도 키보드와 마우스가 필요해요. 라즈베리 파이에 연결하기 위해 USB 키보드, 마우스를 준비해주세요. 가급적 동글 하나를 꽂으면 키보드와 마우스 둘 다 되는 USB 무선 키보드, 마우스 세트를 사용하는 게 좋아요. 라즈베리 파이 제로 W의 경우 Micro B USB이기 때문에 일반 USB를 사용하기 위해 OTG를 사용해야 해요. 그리고 라즈베리 파이 제로 W는 USB 소켓이 2개가 있는데, 실제 USB 장치를 연결할 수 있는 곳은 한군데이에요. USB라는 글자가 적힌 곳이 USB 장치를 연결할 수 있고, PWR IN이라고 적힌 곳은 전원 어댑터만 연결하는 곳이에요. 따라서 헷갈리지 마세요.

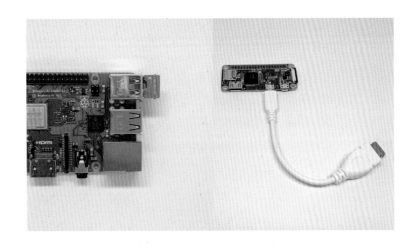

라즈베리 파이를 사용하려다 보니 준비할 것들이 너무 많죠? 정리하면 다음과 같아요. 아마 라즈베리 파이를 처음 하는 사람들이라면 준비할 때 머리가 조금 아플 거예요. 다행히 라즈베리 파이에 필요한 재료를 다 묶어서 살 수 있으니 걱정하지 마세요.

- 라즈베리 파이 : 라즈베리 파이 3 B+, 라즈베리 파이 제로 W 추천
- 전원 어댑터 : Micro B USB 타입 5V 2A 이상 전원 어댑터
- microSD 카드 : 8GB 이상이나 16GB 이상 추천
- microSD to SD 젠더
- SD 카드 USB 리더기
- HDMI 모니터
- HDMI 케이블
- mini HDMI to HDMI 젠더
- USB 키보드, 마우스 : 동글 하나로 동시에 사용 가능한 무선 USB 키보드, 마우스 추천
- OTG

라즈비안 설치하기

앞에서 소개한 것들이 준비됐다면 이제 라즈베리 파이를 동작시켜볼까요? 라즈베리 파이를 동작시키기 위해서는 microSD 카드 안에 운영체제가 들어있어야 해요. 운영체제가 여러 종류가 있듯이 라즈베리 파이에도 다양한 운영체제를 돌릴 수 있어요. 그중 가장 많이 사용하는 운영체제가 라즈비안이에요. 라즈비안은 데비안이라는 리눅스 운영체제를 라즈베리 파이에 맞게 최적화한 거예요. 따라서 처음 라즈베리 파이를 하는 사람이라면 라즈비안부터 해보는 게 좋아요.

라즈비안 뿐만 아니라 라즈베리 파이에 운영체제를 설치하기 전에 가장 먼저 해야 할 것이 microSD 카드의 포맷이에요. 라즈베리 파이에 운영체제를 정상적으로 설치할 수 있도록 microSD 카드를 초기화하는 거예요. SD 카드 젠더 또는 USB SD 카드 리더기를 이용해 microSD 카드를 PC에 연결해주세요. microSD 카드를 포맷할 때는 SD Memory Card Formatter(bit.ly/2uvKHVb)라는 프로그램을 사용할게요. 링크로 들어가서 아래로 내려가면 다음과 같이 윈도우와 맥이 표시되어 있는 것을 볼 수 있어요. 이 중 자신의 운영체제에 맞는 것을 선택하면 약관이 표시되고 다시 맨 밑에 Accept(동의)라는 버튼을 누르면 설치 파일이 다운로드 돼요. 다운로드가 완료되면 설치해주세요.

SD Memory Card Formatter Download for Windows and Mac

For Windows **>** 윈도우   For Mac **>** 맥

Developed by Tuxera

YOU ACKNOWLEDGE AND AGREE THAT YOU HAVE READ THIS AGREEMENT AND INTEND TO BE BOUND AS IF YOU HAD SIGNED THIS AGREEMENT IN WRITING. IF YOU ARE ACTING ON BEHALF OF AN ENTITY, YOU WARRANT THAT YOU HAVE THE AUTHORITY TO ENTER INTO THIS AGREEMENT ON BEHALF OF SUCH ENTITY AND BIND SUCH ENTITY TO THE TERMS OF THIS AGREEMENT.

Decline **>**   Accept **>**

microSD 카드를 연결한 상태에서 SD Memory Card Formatter를 실행해주세요. 실행하면 다음과 같이 화면이 뜰 거예요. 여기서 다른 옵션은 건들지 말고 'Quick Format'을 선택하고, 원하는 이름을 지정한 뒤 [Format] 버튼을 눌러주세요. 경고창이 뜨는 경우가 있는데 [예] 버튼을 누르고 진행하면 돼요.

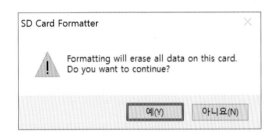

포맷이 정상적으로 이뤄지면 다음과 같이 포맷이 성공했다고 떠요. 간혹 다른 프로세스에서 사용하고 있어서 실패했다고 뜨는 경우가 있는데, 이 경우에 다시 [Format] 버튼을 누르면 될 수도 있어요. 그래도 안 되는 분들은 자신의 microSD 카드에 이상이 없는지 확인해보고, 다른 microSD 카드로 포맷을 해보세요.

포맷이 완료됐다면 이제 microSD 카드에 필요한 설치 파일을 복사할 차례예요. 라즈비안을 포함한 라즈베리 파이에 돌아가는 운영체제들의 경우 NOOBS라는 도구를 이용해 쉽게 설치할 수 있어요. 라즈베리 파이 재단 홈페이지(bit.ly/2uuYiMb)에 가면 NOOBS를 다운로드할 수 있어요. 링크로 이동하면 다음과 같이 표시되는데, NOOBS와 NOOBS LITE가 있는 것을 볼 수 있어요. 그냥 NOOBS만 있는 것은 인터넷 연결 없이도 설치할 수 있는 거고, NOOBS LITE는 인터넷 연결을 해야만 설치할 수 있는 거예요. 그리고 NOOBS LITE의 설치 파일 크기가 더 작아요. 그런데 라즈베리 파이에 인터넷 연결을 하고 설치를 한다고 해도 그냥 NOOBS를 받는 것이 좋아요. 웬만해선 라즈베리 파이에서 파일을 받는 것보다 여러분들이 사용하는 일반적인 PC에서 파일을 받는 것이 훨씬 빠르기 때문이에요. Torrent나 ZIP 파일 중 원하는 형태로 NOOBS를 받아주세요.

NOOBS를 받으면 압축 파일 형태로 되어 있어요. 이 압축 파일을 푼 뒤에 앞에서 포맷한 microSD 카드에 복사해주세요. 다음과 같이 microSD 카드에 들어가면 곧바로 압축을 푼 파일이 나오도록 해야 해요.

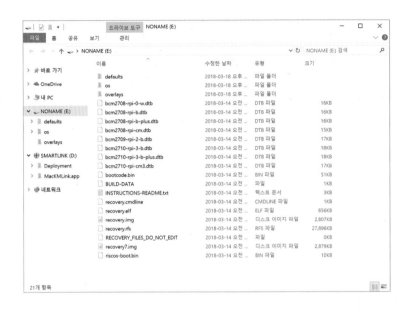

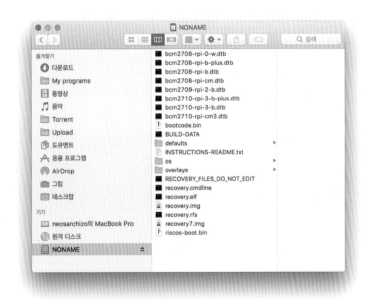

이제 준비된 microSD 카드를 라즈베리 파이에 끼워주면 돼요. 그 전에 라즈베리 파이를 구매하면 다음과 같이 생긴 것들이 들어있는 것을 볼 수 있어요. 방열판이라고 하는 것들인데 열을 식혀주는 거예요. 라즈베리 파이의 경우 열이 많이 발생해요. 따라서 이 방열판을 다음과 같이 붙여 주는 게 좋아요. 어떤 라즈베리 파이 케이스는 안에 팬이 달려 좀 더 확실하게 열을 낮춰주기도 해요.

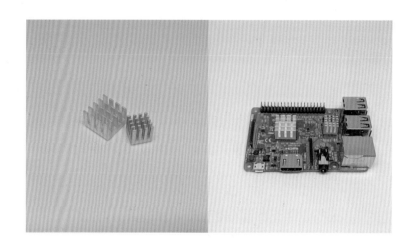

라즈베리 파이에 microSD 카드를 끼우고 모니터와 USB 키보드, 마우스를 연결한 뒤 전원을 연결해 주세요. 전원을 연결하면 잠시 후 다음과 같은 설치 화면이 뜨는 것을 볼 수 있어요. 처음에는 인터넷이 연결되어 있지 않기 때문에 설치 가능한 운영체제가 라즈비안만 떠요. 우선 언어와 키보드를 설정해 볼게요. 하단에 Language와 Keyboard란 게 표시되어 있어요. Language는 '한국어', Keyboard 는 'kr'을 선택해주세요.

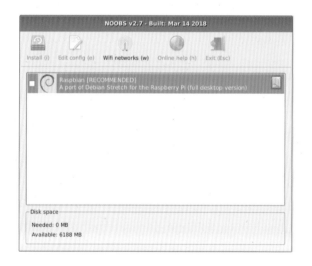

언어를 설정하면 메뉴의 글자도 한글로 바뀌는 것을 볼 수 있어요. 이제 인터넷을 연결할게요. 'Wi-Fi 네트워크'를 클릭해주세요.

클릭하면 주위 연결할 수 있는 WiFi 정보들이 표시돼요. 이 중 연결하고 싶은 WiFi를 선택하고 암호에 WiFi 비밀번호를 입력해주세요. 입력을 다 했다면 [확인]을 눌러주세요.

WiFi를 통해 인터넷에 연결되면 다음과 같이 설치할 수 있는 운영체제 목록이 바뀌는 것을 볼 수 있어요. 나중에 뒤에서 다른 운영체제를 설치할 때 이와 같이 NOOBS를 이용해 설치할게요. 이 중 Raspbian을 선택하고, [설치] 버튼을 클릭해주세요. 클릭하면 경고창이 뜨는데 그냥 [예] 버튼을 눌러주세요.

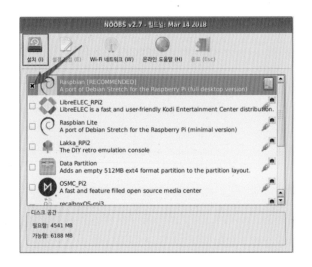

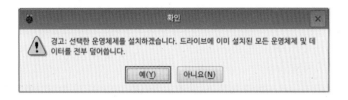

예를 누르면 다음과 같은 화면이 뜨면서 설치가 진행돼요. 설치가 다 될 때까지 기다려주세요. 설치가 다 되면 운영체제 설치 완료라고 떠요.

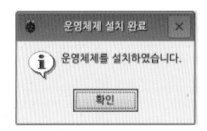

[확인] 버튼을 누르면 라즈베리 파이가 다시 껐다 켜지고 다음과 같이 라즈비안이 실행되는 것을 볼
수 있어요.

기본 설정하기

라즈비안을 설치하고 처음에 설정할 것들이 좀 있어요. 상단 메뉴에서 'Terminal' 아이콘을 클릭해주세요. 실행하면 다음과 같이 터미널이 실행되는 것을 볼 수 있어요.

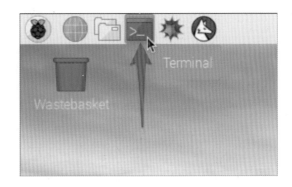

터미널에 [코드 2-1]과 같이 입력해주세요. 라즈비안 안에는 많은 프로그램들이 설치되어 있는데, 그것들을 패키지라고 불러요. 'apt-get'은 이런 패키지들을 관리해주는 명령어예요. 여기서 update를 넣은 건 apt-get에서 관리하는 패키지 목록을 최신으로 업데이트하라는 뜻이에요.

코드 2-1 apt-get 패키지 목록 업데이트

```
sudo apt-get update
```

[코드 2-1]과 같이 입력하고 실행했다면 라즈비안에 설치된 패키지들을 업그레이드 할 수 있게 됐어요. 터미널에 [코드 2-2]와 같이 입력해주세요. 입력하면 영어로 계속 진행할거냐고 묻는 경우가 있는데 그때 Y를 눌러주면 돼요.

코드 2-2 설치된 apt-get 패키지 업그레이드

```
sudo apt-get upgrade
```

다음은 라즈비안의 펌웨어를 최신으로 업데이트할게요. 혹시나 라즈비안에 있는 버그가 있다면 펌웨어 업데이트를 통해 해결할 수 있어요. 따라서 라즈비안을 처음 설치했을 때 펌웨어 업데이트를 한번 해주는 게 좋아요. [코드 2–3]과 같이 입력해주세요. 입력하면 영어로 계속 진행할 거냐고 묻는데 그때 Y를 눌러주면 돼요.

코드 2–3 라즈비안 펌웨어 업데이트

```
sudo rpi-update
```

펌웨어 업데이트를 완료하면 다음과 같이 뜨면서 영어로 다시 시작해야 한다고 표시가 떠요.

좌측 상단에 라즈베리 모양의 로고를 클릭하고 [Shutdown]을 눌러주세요. 그러면 'Shutdown options' 창이 나타나요. 여기서 'Shutdown'은 라즈비안을 완전히 *끄는* 거고, 'Reboot'은 라즈비안을 재시작하는 거예요. 마지막에 있는 'Logout'은 만약 라즈비안을 사용하는 계정이 여러 개 있을 때, 현재 계정을 로그아웃하는 거예요. 이 중 [Reboot]을 눌러주세요. 누르면 라즈비안이 재시작해요.

라즈비안을 실행할 때 다음과 같이 화면 한쪽에 약간의 여백이 있는 것을 볼 수 있어요. 이 여백을 설정에서 없애줄 수 있어요. 라즈비안 메뉴에서 [Preferences]를 눌러주세요. 하위 메뉴가 나타나는데 여기서 [Raspberry Pi Configuration]을 클릭해주세요.

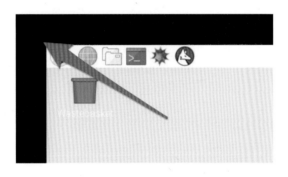

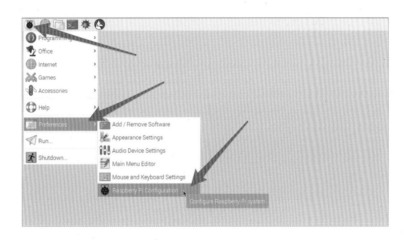

클릭하면 다음과 같이 설정 화면이 떠요. 여기서 'Underscan'을 'Disabled'로 설정해주세요. 그리고 [OK] 버튼을 클릭해주세요. 누르면 영어로 다시 시작할 거냐고 묻는데 [Yes] 버튼을 클릭해주세요. 다시 시작하면 아까 여백이 사라지고 모니터 화면에 꽉 차게 표시되는 것을 볼 수 있어요.

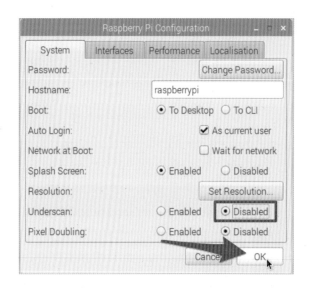

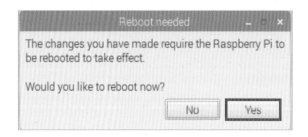

다음은 화면에 표시되는 언어를 한국어로 바꿀 거예요. 아까처럼 [Raspberry Pi Configuration] 으로 들어가 주세요. 거기서 [Localisation] 탭을 누르고 [Set Locale]을 클릭해주세요. 누르면 'Locale'이란 창이 뜨는데, 여기서 Language를 'ko(Korean)', Country를 'KR(South Korea)', Character Set을 'UTF-8'로 설정해주세요. 설정하고 다시 [Raspberry Pi Configuration]의 [OK] 버튼을 누르면 라즈비안이 다시 시작해요.

그런데 다시 시작하면 다음과 같이 글자가 깨지는 것을 볼 수 있어요. 라즈비안의 기본 폰트가 한글을 지원하지 않기 때문에 이런 거예요. 따라서 필요한 패키지를 설치해줘야 해요. 터미널을 실행하고 [코드 2-4]와 같이 입력해주세요. 참고로 [코드 2-4] 맨 끝에 '-y'를 붙여줬기 때문에 사용자한테 계속 진행할 거냐고 묻지 않고 진행하게 돼요.

코드 2-4 한글 관련 패키지 설치

```
sudo apt-get install fonts-unfonts-core ibus ibus-hangul -y
```

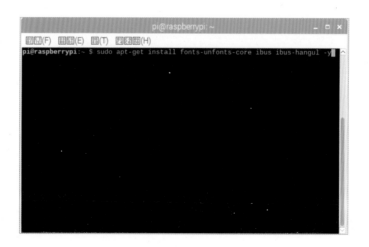

설치를 다하고 다시 시작하면 다음과 같이 한글로 표시되는 것을 볼 수 있어요.

한글로 메뉴가 바뀌었기 때문에 메뉴에서 [기본 설정]으로 들어가서 [Raspberry Pi Configura-tion]을 실행해주세요. 실행되면 [Change Password]를 눌러주세요. 라즈비안을 처음 설치하면 기본적으로 계정 ID가 'pi'이고, 비밀번호가 'raspberry'로 되어 있어요. 만약 이걸 바꾸지 않는다면 다른 사람이 몰래 내 라즈비안에 접속해 엉뚱한 짓을 할 수 있겠죠. 따라서 설치하고 비밀번호를 바꿔주는 게 좋아요.

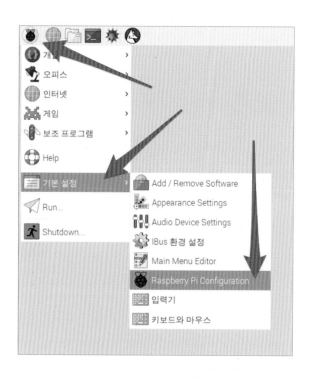

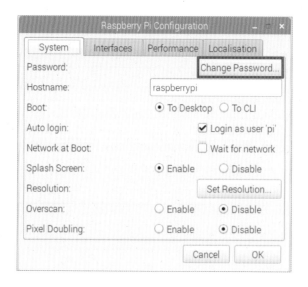

'Change Password' 창이 뜨면 새 비밀번호를 위, 아래 모두 똑같이 입력해주세요. 나중에 비밀번호를 까먹으면 찾을 수 없으니 꼭 잊어먹지 않게 메모해두세요. 비밀번호가 정상적으로 바뀌면 비밀번호 변경에 성공했다고 영어로 표시가 돼요. 나중에 라즈비안을 하는 경우에 비밀번호를 묻는 경우가 있어요. 이때 지금 바꿔준 비밀번호를 입력하면 돼요.

라즈비안 우측 상단에 보면 여러 아이콘들이 보이는데 이 중에 시간이 표시되어있는 것을 볼 수 있어요. 그런데 현재 우리나라 시간이랑 다르게 표시될 거예요. 바로 시간 기준이 되는 지역(타임존)이 제대로 설정되어 있지 않아서 그래요. [Raspberry Pi Configuration]에 들어가 [Localisation] 탭으로 이동해주세요. 그리고 [Set Timezone]을 클릭해주세요.

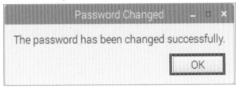

'Timezone' 창이 뜨면 Area는 'Asia', Location은 'Seoul'을 선택하고 [OK] 버튼을 눌러주세요. 설정하고 라즈비안을 다시 껐다 켜면 시간이 제대로 나오는 것을 볼 수 있어요.

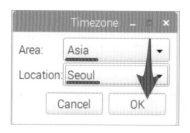

다음은 키보드 설정을 할게요. 앞에서 NOOBS를 실행할 때 키보드 설정을 했지만 라즈비안을 깔고 나서도 키보드 설정을 해야 해요. [Raspberry Pi Configuration]의 [Localisation] 탭에서 [Set Keyboard]를 클릭해주세요. 클릭하면 'Keyboard Layout' 창이 뜨는데, Country는 '대한민국', Variant는 '한국어(101/104키 호환)'를 선택해주세요. 선택하고 [확인] 버튼을 클릭해주세요.

키보드를 설정하고 터미널을 켠 뒤 Shift + Space Bar 를 눌러보세요. 그리고 한글을 입력해보세요. 그럼 다음과 같이 한글이 입력되는 것을 볼 수 있어요.

[Raspberry Pi Configuration]의 [Localisation] 탭에 [Set WiFi Country]라는 버튼이 있어요. 이 버튼은 국가마다 WiFi 공유기 환경이 다 다르기 때문에 WiFi 국가 코드를 설정할 때 사용해요. 대게 라즈비안을 설치하고 기본 설정을 하는 사람이라면 이 WiFi 국가 코드도 KR Korea (South) 로 설정하는 경우가 많아요. 그런데 이 WiFi 국가 코드는 설정하면 안 돼요. WiFi 국가 코드를 KR Korea (South)로 설정하면 WiFi가 안 되는 이슈가 있기 때문에 이 설정은 건들지 않아도 돼요.

NOOBS에서 설치하기 전에 WiFi를 설정했는데, 라즈비안을 설치하고 나서 WiFi를 다시 설정하고 싶다면 다음과 같이 하면 돼요. 라즈비안 우측 상단에 보면 네트워크 관련 아이콘이 있어요. 이 아이 콘을 클릭해주세요.

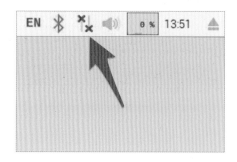

클릭하면 연결 가능한 WiFi 정보들이 표시돼요. 이 중 원하는 WiFi를 선택하고 연결해주세요.

연결이 잘되면 네트워크 아이콘 모양이 다음과 같이 바뀌어요. 이제 라즈비안에 필요한 기본적인 설정을 마쳤어요.

백업 및 복구

앞에서 본 것과 같이 라즈비안을 설치하고 기본 설정을 하는 데까지 많은 작업이 필요해요. 만약 운영체제를 다시 깔아야 한다면 어떨까요? 또 오랜 시간 설정을 해야 해서 끔찍할 거예요. 이런 걸 방지하기 위해 백업을 해두는 게 좋아요. 여기서 백업하고 복구하는 것을 해볼 예정인데, 라즈비안 뿐만 아니라 라즈베리 파이에서 실행하는 모든 운영체제도 똑같이 하면 돼요.

■ 윈도우

윈도우에서 백업과 복구하기 위해 'Win32 Disk Imager(bit.ly/2usWT8X)'를 다운로드해 설치해주세요. 라즈베리 파이 운영체제가 설치된 microSD 카드를 PC에 연결해주세요. 먼저 백업하는 방법은 다음과 같아요. 프로그램을 실행하고 Image File 옆에 아이콘을 클릭하고, 저장할 폴더 경로로 들어간 뒤 저장하고 싶은 파일명을 입력해주세요.

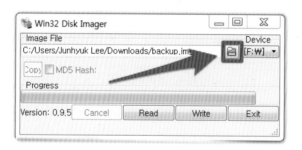

Device 쪽에서 microSD 카드가 연결된 볼륨을 선택해주세요.

[Read]를 누르면 microSD 카드의 내용이 Image File에 설정한 파일 경로로 저장돼요. 복구는 거꾸로 하면 돼요. 먼저 microSD 카드를 SD Memory Card Formatter로 포맷해요. 그리고 Image File 경로에 백업했던 이미지 파일을 입력해줘요. 그리고 앞에서와 똑같이 Device에 microSD 카드 볼륨을 선택해주세요. 마지막으로 [Write] 버튼을 누르면 이미지 파일의 내용이 microSD 카드로 들어가요.

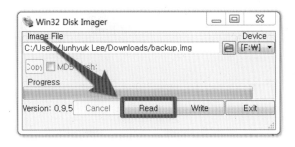

■ 맥

맥은 터미널에서 명령어를 입력해야 해요. microSD 카드를 연결하고 터미널을 실행한 뒤 [코드 2-5]와 같이 입력해주세요. 실행하면 'disk#'와 같이 표시되는 것을 볼 수 있어요. 필자의 경우 disk2가 라즈베리 파이 운영체제가 설치되어 있는 microSD 카드 디스크란 걸 알 수 있어요.

코드 2-5 디스크 정보 확인하기

```
diskutil list
```

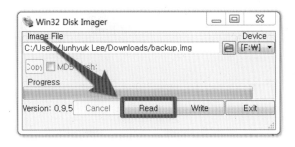

[코드 2–6]과 같이 입력해 디스크를 'unmount' 해주세요. 저의 경우 disk#을 'disk2'로 바꿔야 해요.

코드 2–6 디스크 unmount 하기

```
diskutil unmountDisk /dev/disk#
```

백업하는 경우에는 [코드 2–7]과 같이 입력해요. 앞에서 'disk#'라고 적었다가, 여기서는 'rdisk#' 적는 게 달라요. [코드 2–7]과 같이 입력하면 'backup.img'로 저장돼요.

코드 2–7 백업하기

```
sudo dd bs=1m if=/dev/rdisk# of=backup.img
```

복구할 때는 [코드 2–8]과 같이 입력하면 돼요. 단, 꼭 주의할 점은 백업할 때나 복구할 때나 화면에 진행 중인 게 표시 안 되고 오랫동안 멈출 텐데, 이때 절대로 터미널을 닫으면 안 돼요. 자칫 microSD 카드가 망가질 수 있어요. 따라서 시간이 오래 걸리더라도 다 완료될 때까지 기다려주세요.

코드 2–8 복구하기

```
sudo dd bs=1m if=backup.img of=/dev/rdisk#
```

라즈베리 파이에 설치할 수 있는 운영체제들

라즈베리 파이는 앞에서 설명했듯이 여러분이 집에서 사용하는 PC와 같아요. 단지 크기가 작은 것뿐이죠. 그리고 여러분의 PC에 다양한 운영체제를 설치할 수 있듯이 라즈베리 파이에도 다양한 운영체제를 설치할 수 있어요. 어떤 운영체제가 가능한지 살펴볼게요.

01 | 안드로이드

이제는 각자 자신만의 스마트폰을 가지고 살죠. 그리고 그중 절반은 안드로이드 기기로 되어 있어요. 라즈베리 파이에도 이 안드로이드를 설치할 수 있어요. 라즈베리 파이와 같은 기기에 설치하기 위한 안드로이드 운영체제가 여러 가지가 있는데, 그중 추천하는 게 'emteria. OS(emteria.com)'예요. 회원가입을 하고 설명에 맞춰 설치하면 돼요. 안드로이드를 설치한 뒤에는 안드로이드 스마트폰과 같이 라즈베리 파이에 앱을 설치해 실행할 수 있어요.

02 | 윈도우 10

최근에는 맥을 사용하는 사람이 늘었지만 여전히 집에 PC가 윈도우인 경우가 많죠. 라즈베리 파이에 윈도우도 설치할 수 있어요. 이전 버전은 설치할 수 없지만 윈도우 10은 설치할 수 있어요. 앞에서 라즈비안을 설치했던 NOOBS를 통해 설치하거나 또는 'Windows 10 Internet of Things(www.windowsondevices.com)' 주소로 들어가 설치용 이미지 파일을 받을 수 있어요. 설치하면 Microsoft에서 제공하는 다양한 사물인터넷 예제들도 체험해볼 수 있어요.

03 | Screenly OSE

지하철이나 백화점에 가면 광고 영상이나 이미지를 계속 돌아가면서 보여주는 것을 볼 수 있죠. 이런 걸 디지털 사이니지(Digital signage)라고 불러요. 라즈베리 파이를 이용해 여러분만의 디지털 사이니지를 만들 수 있어요. 'Screenly OSE(www.screenly.io/ose/)'라는 걸 이용하면 여러분이 원하는 이미지와 영상을 라즈베리 파이에 연결된 모니터에 반복적으로 보여줄 수 있어요. Screenly OSE도 NOOBS를 이용해 설치 가능해요.

PART

03

라즈베리 파이를 위한
파이썬 기초

이번 장에서는 라즈베리 파이를 사용할 때 알아두면 좋을 파이썬 기초에 대해
배웁니다. 데이터는 프로그래밍의 재료라 할 수 있는데, 이 데이터를 담는 그
릇인 변수와 편리한 도구 같은 함수에 대해 설명합니다. 또한, 컴퓨터가 스스
로 판단하고 움직일 수 있도록 하거나 계속 똑같은 것을 반복하게 만드는 방법
도 배웁니다.

파이썬이란?

앞서 라즈베리 파이 이름에 파이(Pi)가 파이썬 인터프리터(Python Interpreter)의 약자라고 설명했어요. 즉, 별도의 컴파일이라는 과정 없이 곧바로 라즈베리 파이에서 파이썬 프로그램을 돌릴 수 있다는 뜻이에요. 그만큼 라즈베리 파이에 있어 파이썬은 중요한 프로그래밍 언어라 할 수 있죠. 파이썬을 우리나라 말로 번역하면 비단뱀이에요. 그래서 그런지 파이썬 로고를 보면 두 마리의 뱀이 얽힌 모양으로 되어 있어요.

```
print("Hello, world!")
```

그런데 파이썬의 이름은 이 비단뱀을 보고 만든 것이 아니에요. 파이썬을 만든 귀도 반 로섬(Guido van Rossum)은 프로그래밍 언어를 만들 때 재미가 가장 중요하다고 생각했어요. 파이썬이라는 이름도 바로 자신이 좋아하는 코미디언 몬티 파이튼의 비행 서커스(Monty Python's Flying Circus)에서 따온 거예요. 그래서 그런지 파이썬은 어떤 다른 프로그래밍 언어보다 상당히 쉽고 간단하게 되어 있어요. 사용하는 사람들이 문법 때문에 어려워하기보다 프로그램을 짜는 재미에 집중할 수 있도록 한 거죠. 이번 장에서 라즈베리 파이를 더욱 재미있게 갖고 놀 수 있도록 기본적인 파이썬 문법을 배워볼 거예요.

보통의 개발자들은 터미널이나 아니면 자신들 만의 코드 에디터로 프로그램을 만들어요. 여러분도 개발자들이 많이 사용하는 코드 에디터를 쓸 수도 있지만, 라즈비안에서 제공하는 Thony라는 파이썬용 코드 에디터를 추천해요. 라즈비안 툴바 메인 메뉴에서 [개발] – [Thony (Simple Mode)]를 클릭해주세요.

클릭하면 다음과 같이 Thony가 실행돼요. Thony는 툴바, 코드 에디터 창, 쉘, 변수 창으로 이루어져 있어요. 코드 에디터 창은 우리가 배울 파이썬 코드를 입력하는 부분이에요. 쉘은 터미널과 유사한데 대신 일종의 파이썬 전용 터미널이라고 생각하시면 돼요. 변수 창은 데이터의 그릇이라 할 수 있는 변수에 대한 정보를 보여주는 곳이에요. 변수에 대해서는 뒤에서 다시 설명할게요.

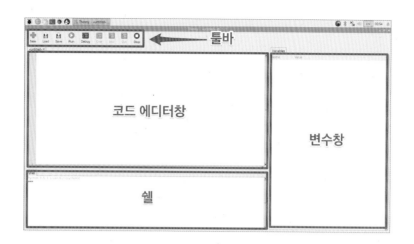

툴바

코드 에디터창

변수창

쉘

> **TIP** 툴바 메뉴
>
> 툴바의 메뉴도 살펴보면 다음과 같아요.

New	Load	Save	Run	Debug	Over	Into	Out	Stop
❶	❷	❸	❹	❺	❻	❼	❽	❾

❶ New : 새로 만들기

❷ Load : 불러오기

❸ Save : 저장하기

❹ Run : 실행하기

❺ Debug : 디버그

❻ Over : 디버그할 때 다음 줄 실행

❼ Into : 디버그할 때 해당 명령어 또는 함수 쪽 코드로 들어가기

❽ Out : 디버그할 때 현재 명령어 또는 함수가 호출된 바깥 코드로 돌아가기

❾ Stop : 프로그램 중지

한번 간단한 코드를 실행해볼게요. 프로그램을 배울 때 제일 먼저 하는 것이 'Hello World'예요. 파이썬 코드를 이용해 컴퓨터가 Hello World 글자를 찍는 프로그램을 짜볼게요. 코드 에디터 창에 [코드 3-1]과 같이 입력해주세요.

코드 3-1 Hello World

```
print('Hello World')
```

실행하기 전에 코드를 저장해야 해요. [Ctrl] + [S] 또는 [Save] 버튼을 눌러주세요. 저장되기 전에 다음과 같이 파일명을 뭐라고 할지 물어봐요. 파이썬 코드 파일의 경우 확장자가 'py'예요. 여러분이 원하는 이름을 적어주는 대신 확장자만 정확히 'py'라고 적어주시면 돼요. 저는 여기서 'hello_world. py'라고 해놨어요.

저장하고 [Run] 버튼을 누르면 프로그램이 실행돼요. 실행되면 셸 창에 'Hello World'라는 글자가 찍히는 것을 볼 수 있어요. 이와 같이 파이썬 코드를 작성하고 실행할 수 있어요.

만약 터미널에서 여러분이 만든 파이썬 코드를 실행하고 싶다면 [코드 3-2]와 같이 'python'을 입력하고 그다음에 한 칸 띄고 파이썬 코드 파일명을 입력해주면 돼요.

코드 3-2 터미널에서 파이썬 코드 실행

```
python hello_world.py
```

터미널에서 실행하는 파이썬과 Thony에서 실행하는 파이썬의 차이점이 있는데, 바로 버전이에요. Thony의 파이썬은 파이썬 3을 사용하고, 터미널에서 사용하는 것은 파이썬 2를 사용해요. 물론 터미널에서 파이썬 3을 사용할 수도 있어요. python 대신 python3이라고 입력해주면 돼요. 파이썬 2와 파이썬 3은 비슷하면서도 다른 부분이 많기 때문에 자신의 파이썬 코드가 파이썬 2를 기준으로 짰는지, 파이썬 3을 기준으로 짰는지 알아야 해요. 여기서는 Thony에 맞춰 파이썬 3 기준으로 배울 거예요.

사칙연산

컴퓨터 프로그래밍을 하려면 수학을 잘해야 된다고 생각하는 사람들이 있어요. 솔직히 수학을 잘 알면 프로그래밍을 할 때 도움이 되긴 해요. 하지만 수학을 잘 못 한다고 프로그래밍을 꼭 못 하는 건 아니에요. 간단한 사칙연산 정도만 알아도 여러분이 만들고 싶은 웬만한 프로그램들을 만들 수 있어요. 그렇다면 파이썬에서 사칙연산은 어떻게 할까요? [코드 3-3]과 같이 입력하고 실행해보세요.

코드 3-3 사칙연산

```
1   print(1 + 1)
2   print(7 - 4)
3   print(11 * 3)
4   print(100 / 5)
```

먼저 [코드 3-3]의 print는 숫자나 글자를 화면에 출력하는 명령어예요. 바로 괄호 안의 있는 값을 화면에 출력해주는 거예요. 파이썬에서 사용하는 사칙연산 기호는 다음과 같아요. 참고로 파이썬 뿐만 아니라 웬만한 다른 프로그래밍 언어도 거의 동일한 사칙연산 기호를 사용해요.

· 더하기 : +
· 빼기 : −
· 곱하기 : *
· 나누기 : /

[코드 3-3]의 첫 번째 줄부터 더하기(+), 빼기(−), 곱하기(*), 나누기(/)한 값을 출력해요. 실행하면 다음과 같이 결과가 표시돼요.

정보를 담는 그릇 : 변수

사칙연산을 배웠으니 구구단이 화면에 출력되도록 해볼까요. 한번 2단이 출력되도록 해볼게요. [코드 3-4]와 같이 입력하면 2단이 화면에 출력돼요. 만약 3단이 화면에 출력되게 만들려면 어떻게 해야 할까요? 그럼 앞에 있는 2를 3으로 바꿔주면 되겠죠. 마찬가지로 4~9단도 앞의 숫자를 바꿔주면 돼요. 그런데 이렇게 일일이 숫자를 바꿔주는 게 번거롭지 않나요? 이와 같은 상황에서 우리가 번거롭지 않도록 해주는 게 바로 변수예요.

코드 3-4 구구단 2단

```
1    print(2 * 1)
2    print(2 * 2)
3    print(2 * 3)
4    print(2 * 4)
5    print(2 * 5)
6    print(2 * 6)
7    print(2 * 7)
8    print(2 * 8)
9    print(2 * 9)
```

```
Shell
Python 3.5.3 (/usr/bin/python3)
>>> %Run code_3_4.py

  2
  4
  6
  8
  10
  12
  14
  16
  18

>>>
```

변수는 그릇이에요. 컴퓨터가 알아야 할 정보를 담아주는 그릇이죠. [코드 3-5]를 보면 a라는 이름의 변수를 만들고 그 안에 숫자 2를 담아 사용해요. 수학에서 등호(=)는 좌변과 우변이 같다는 뜻이지만 프로그래밍 언어에서 등호는 오른쪽에 있는 값을 왼쪽에 넣겠다는 뜻이에요. 즉, 1번 줄은 숫자 2를 변수 a에 넣는다는 뜻이에요. 그리고 2~10번 줄에서 a 변수의 값을 사용해요. 1번 줄에서 a 변수에 2를 담았기 때문에 2~10번 줄의 a는 숫자 2가 적힌 것과 같아요. 이걸 실행하면 앞에서와 같이 2단이 화면에 출력돼요. 그리고 우측 변수 창에 a라는 변수에 2를 담았다는 것을 확인할 수 있어요. 만약 2단이 아닌 3단 또는 4~9단을 출력하고 싶다면 그냥 1번 줄 a에 2가 아닌 다른 값을 넣어주기만 하면 돼요. 이건 여러분이 직접 해보세요.

코드 3-5 변수를 사용한 구구단 2단

```
1    a = 2
2    print(a * 1)
3    print(a * 2)
4    print(a * 3)
5    print(a * 4)
6    print(a * 5)
7    print(a * 6)
8    print(a * 7)
9    print(a * 8)
10   print(a * 9)
```

변수에 숫자만 넣을 수 있는 것이 아니에요. 글자도 넣을 수 있어요. [코드 3-6]에 1번 줄을 보면 name 이라는 변수에 '이현성'이라는 글자를 넣고 있어요. 숫자를 변수에 넣을 때는 값에 아무것도 감싸지 않고 넣어주면 되지만 글자는 작은따옴표나 큰따옴표를 감싸서 넣어줘야 해요. 그리고 글자도 더하기를 할 수 있어요. 2번 줄은 name 변수에 있는 값과 '님 안녕하세요!'라는 글자를 합치고 있어요. [코드 3-6]을 실행하면 '이현성님 안녕하세요!'라고 글자가 합쳐져서 화면에 출력돼요. 한번 name 변수에 여러분의 이름을 넣어보세요.

코드 3-6 변수에 글자 넣기

```
1    name = '이현성'
2    print(name + '님 안녕하세요!')
```

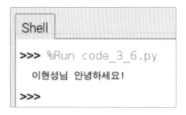

편리하게 사용할 수 있는 도구 : 함수

컴퓨터한테 요리를 시키려면 어떻게 해야 할까요? 진짜 요리는 아니지만 [코드 3-7]처럼 컴퓨터가 요리의 과정을 하나하나씩 출력하도록 해볼게요. [코드 3-7]을 실행하면 각 단계가 화면에 출력돼요. 이처럼 컴퓨터에게 무슨 일을 시키고 싶을 때 단순히 '요리해!'처럼 말하면 안 되고, 그 안에 구체적인 내용을 자세하게 하나씩 말해줘야 해요. 그런데 만약 컴퓨터에게 요리를 여러 번 시키고 싶다면 이와 같은 구체적인 내용을 매번 또 알려줘야 할까요? 아마 상당히 번거로울 거예요.

코드 3-7 요리하기

```
1   print('주문 받기')
2   print('재료 손질하기')
3   print('재료 조리하기')
4   print('요리 완성하기')
```

```
Shell

>>> %Run code_3_7.py

    주문받기
    재료 손질하기
    재료 조리하기
    요리 완성하기

>>>
```

이런 번거로움을 없애고자 사용하는 것이 함수예요. 컴퓨터한테 단순히 '요리해!'라고 말하면 못 알아듣지만, 대신 '요리는 이렇게 하는 거야'라고 미리 가르쳐주고 그다음에 '요리해!'라고 말하면 알아듣겠죠. [코드 3-8]이 바로 컴퓨터한테 요리가 무엇인지 가르쳐주고, 요리를 2번 하라고 말하는 거예요. 1번 줄이 cook이라는 이름의 함수를 만들라는 뜻이에요. def가 함수를 만들 때 사용하는 용어예요. 그리고 2~5번 줄이 cook 함수의 내용이에요. 여기서 주의할 점은 함수의 내용을 입력할 때는 들여쓰기를 지켜줘야 해요. 영어로는 인덴트(indent)라고 해요. 이 들여쓰기가 파이썬의 가장 큰 특징이에요. 나중에 또 나오지만 이 들여쓰기를 지켜주지 않으면 에러가 나요. 들여쓰기 할 때 탭 또는 스페이스를 이용해 들여쓰기를 해야 하는데, 우리가 사용하는 Thony에서 콜론(:)을 치고 엔터를 치면 자동으로 들여쓰기를 해줘요. 이 cook 함수가 요리하는 방법을 설명한 거라고 생각하면 돼요. 설명했으니 이제 그대로 하라고 시켜야겠죠. 7~8번 줄이 cook 함수를 실행하라고 한 거예요. 2번 실행하기 때문에 cook 함수 안에 있는 내용이 화면에 2번 나와요.

코드 3-8 cook 함수

```
1   def cook():
2       print('주문 받기')
3       print('재료 손질하기')
4       print('재료 조리하기')
5       print('요리 완성하기')
6
7   cook()
8   cook()
```

컴퓨터한테 단순히 '요리해!'가 아니라 '무슨 요리해!'라고 말하고 싶다면 어떻게 해야 할까요? 그럼 내가 원하는 요리에 대한 정보를 줘야 되겠죠. 앞에서 변수가 어떤 정보를 담는 것이었다면, 함수가 사용할 수 있도록 정보를 담아서 주는 것을 매개변수라고 해요. [코드 3-9]를 보면 괄호 안에 food라는 것을 추가했는데, 이게 매개변수예요. 앞에서 변수를 사용한 것과 같이 2번 줄에서 food 매개변수를 사용하고 있어요. 4번 줄을 보면 괄호 안에 '탕수육'이라는 글자를 넣었는데, 이 '탕수육'이 food 매개변수 안에 들어가는 거예요. [코드 3-9]를 실행하면 '탕수육'과 '요리완료!' 글자가 합쳐진 것이 화면에 출력되는 것을 볼 수 있어요.

cook 함수에 매개변수 넣어주기

```
1    def cook(food):
2        print(food    + '  요리완료!')
3
4    cook('탕수육')
```

```
Shell
>>> %Run code_3_9.py
    탕수육 요리완료!
>>>
```

매개변수는 1개가 아니라 여러 개 사용할 수 있어요. [코드 3-10]은 요리 이름과 개수를 매개변수로 받도록 해두었어요. [코드 3-9]와 같이 '탕수육'은 food에, 숫자 2는 count 매개변수에 들어가요. 2번 줄에 count를 str 명령어로 감싼 이유는 글자와 숫자를 그대로 합치려고 하면 에러가 나기 때문에 사용한 거예요. str 명령어를 사용하면 숫자를 글자로 바꿔줘요. 실행하면 요리 이름과 개수가 표시되는 것을 볼 수 있어요.

코드 3-10 cook 함수에 매개변수 2개 넣어주기

```
1    def cook(food, count):
2        print(food + ' ' + str(count) + '개 요리완료!')
3
4    cook('탕수육', 2)
```

```
Shell
>>> %Run code_3_9.py
    탕수육 2개 요리완료!
>>>
```

함수라는 건 값을 돌려주기도 해요. 무슨 뜻인지 이해가 안 갈 수 있는데, [코드 3-11]을 보고 설명해드릴게요. 1번 줄에 add라는 함수를 만들었어요. 그리고 add 함수는 a, b라는 매개변수를 받아요. 4번 줄에서 괄호 안에 적은 숫자 1과 5가 각각 a, b에 들어가요. 2번 줄을 보면 return이 보이는데, 바로 이 return이 함수를 호출한 부분으로 값을 돌려보낸다는 뜻이에요. 여기서는 a와 b를 더한 값을 함수를 호출한 부분으로 돌려보내요. a와 b는 1과 5이기 때문에 더하면 6이 되고, 이 함수를 호출한 부분이 4번 줄의 add(1, 5)예요. 이 add(1, 5)가 6으로 바꿔줘요. 그럼 num이라는 변수에 6이라는 값이 들어가고, 5번 줄에서 숫자 6이 화면에 출력돼요. return을 사용하는 곳에서 함수가 출력된 부분으로 값을 돌려보내기 때문에 더 이상 함수가 할 역할이 없어요. 따라서 return이 표시되어 있는 경우 마찬가지로 함수도 종료한다고 생각하면 돼요.

코드 3-11 add 함수

```
1    def add(a, b):
2        return a + b
3
4    num = add(1, 5)
5    print(num)
```

```
Shell

>>> %Run code_3_11.py
  6
>>>
```

알아서 움직이게 만들기 : 조건문

컴퓨터가 어떤 상황이 되었을 때 스스로 판단하게 하려면 어떻게 해야 할까요? 예로 나이를 보고 10대인지 20대인지 30대인지 알게 하려면 어떻게 해야 할까요? 바로 조건문을 이용해 컴퓨터가 판단하게 만들 수 있어요. 먼저 조건문을 쓰기 위해 조건이 맞는지 아닌지를 구별하는 법부터 볼게요. 쉘 창에 커서를 놓고 [코드 3-12]와 같이 입력해보세요. 5가 4보다 크기 때문에 당연히 맞는 조건이죠. 쉘 창에 입력하면 다음과 같이 'True'라고 표시돼요.

코드 3-12 조건이 맞는지 확인하기(참)

```
5 > 4
```

그럼 일부러 조건을 틀리게 해볼게요. 쉘 창에 [코드 3-13]과 같이 입력해보세요. 마찬가지로 5가 4보다 크기 때문에 틀린 조건이죠. 입력하면 다음과 같이 False라고 표시돼요. True는 우리나라 말로 참이고, False는 거짓이에요. 즉, True는 맞았다는 뜻이고, False는 틀렸다는 뜻이에요. 컴퓨터가 조건을 판단할 때 조건이 True나 False 형태로 바뀌고, 이걸 기준으로 판단해요.

코드 3-13 조건이 맞는지 확인하기(거짓)

```
5 < 4
```

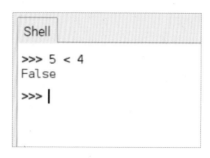

앞에서 사용한 것과 같이 조건을 표시할 때 사용하는 기호들을 보면 [표 3-1]과 같아요. 다른 기호들은 수학에서 사용한 기호와 동일하지만 '좌변과 우변이 같다'와 '다르다'일 때 기호만 달라요. 변수 설명에서 말했다시피 프로그래밍 언어에서 등호(=) 하나는 우변의 값을 좌변에 넣는다는 뜻이고, 등호(=) 2개를 써야 좌변과 우변이 같다는 뜻이에요. 그리고 다르다는 '!='과 같이 표시해요.

표 3-1 　조건에 사용하는 기호

기호	뜻
==	좌변과 우변이 같다.
!=	좌변과 우변이 다르다.
〉	좌변이 우변을 초과한다.
〈	우변이 좌변을 초과한다.
〉=	좌변이 우변의 이상이다.
〈=	우변이 좌변의 이상이다.

그럼 이 조건을 이용해 컴퓨터가 어떻게 다르게 동작하게 만들까요? 이때 사용하는 것이 if문이에요. if는 우리나라 말로 '만약 ~라면'이라고 번역해요. 즉, 어떤 조건이 맞다면, 또는 아니라면 등의 표현을 할 때 쓰이죠. if문이 프로그래밍 언어에서 동작하는 것도 뜻과 연관되어 동작해요. 한번 [코드 3-14]를 살펴볼게요. [코드 3-14]를 실행하면 화면에 '맞았습니다!'가 출력돼요.

코드 3-14 　if문 : True

```
1    if True:
2        print('맞았습니다!')
```

```
Shell
Python 3.5.3 (/usr/bin/python3)
>>> %Run code_3_11.py

  맞았습니다!

>>>
```

이제 [코드 3-14]의 1번 줄에 있던 True를 [코드 3-15]처럼 False로 바꾸고 실행해보세요. 그럼 앞에서
화면에 나왔던 '맞았습니다!'가 출력되지 않아요. if문은 조건이 참인 경우에만 실행돼요. 앞에서 함수
를 만들 때와 같이 콜론(:)을 입력하고 줄이 바뀌었을 때, 들여쓰기를 맞춰줘야 해요. 줄이 바뀌고 들
여쓰기 한 부분이 조건이 참일 때 실행되는 부분이라는 뜻이에요.

코드 3-15 if문 : False

```
1    if False:
2        print('맞았습니다!')
```

```
Shell
>>> %Run code_3_11.py
>>>
```

if문에서 참인 경우 말고 거짓인 경우에 특정 코드가 실행되도록 하려면 else를 사용해요. [코드 3-16]
을 실행하면 '맞았습니다!'가 떠요. 그런데 1번 줄의 True를 False로 바꾸면 '틀렸습니다!'가 뜨는 것
을 볼 수 있어요. 한번 바꿔서 실행해보세요.

코드 3-16 if문 : else

```
1    if True:
2        print('맞았습니다!')
3    else:
4        print('틀렸습니다!')
```

```
Shell
Python 3.5.3 (/usr/bin/python3)
>>> %Run code_3_11.py
  맞았습니다!
>>>
```

```
Shell
>>> %Run code_3_11.py
  틀렸습니다!
>>>
```

if문이 동작하는 것을 봤으니 컴퓨터가 성별을 구별하게 만들어볼게요. [코드 3-17]과 같이 입력해주
세요. a라는 변수에 '여자'라는 글자를 넣었어요. 그리고 2번 줄 if문에서 a가 '여자'라는 글자와 같은
지 비교해요. 1번 줄에서 '여자'라는 글자를 넣었기 때문에 조건은 참이 되고, '여자 입니다!'라는 글자
가 표시돼요. 만약 a에 들어가는 값을 '여자'가 아닌 '남자'로 바꾸면 '남자 입니다!'라고 표시되는 것
을 볼 수 있어요.

코드 3-17 **if문 : 성별 확인**

```
1    a = '여자'
2    if a == '여자':
3        print('여자 입니다!')
4    else:
5        print('남자 입니다!')
```

```
Shell
>>> %Run code_3_11.py
  여자 입니다!
>>> %Run code_3_11.py
  남자 입니다!
>>>
```

이번에는 나이를 입력하면 컴퓨터가 10대인지 20대인지 30대인지 판단하도록 해볼게요. 이와 같이 여러 조건을 순서대로 확인하고 싶을 때 [코드 3-18]과 같이 입력하면 돼요. 1번 줄에서 age라는 변수에 숫자 15를 넣어줘요. 그리고 2번 줄에서 age에 있는 값이 10보다 작은지 확인해요. 만약 10보다 작은 게 맞다면 3번 줄에 있는 코드가 실행되어 '어린이네요!'가 표시돼요. 만약 10보다 작지 않다면 4번 줄의 조건인 age가 20보다 작은지 다시 한번 확인해요. 만약 20보다 작다면 '10대 입니다!'가 표시되고, 아니라면 또다시 6번 줄의 조건인 age가 30보다 작은지 확인해요. 그리고 만약 30보다 작다면 '20대 입니다!'가 표시돼요. 만약 아니라면 8번 줄의 조건인 age가 40보다 작은지 확인해요. 맞다면 '30대 입니다'가 표시돼요. 아니라면 11번 줄에 적힌 '완전 어른이시네요!'가 표시돼요. 한번 1번 줄의 age 넣는 값을 바꿔보세요. 이처럼 많은 조건을 순서대로 확인하고 싶을 때 elif를 사용해요.

코드 3-18 if문 : 나이 구별

```
1    age = 15
2    if age < 10:
3        print('어린이네요!')
4    elif age < 20:
5        print('10대 입니다!')
6    elif age < 30:
7        print('20대 입니다!')
8    elif age < 40:
9        print('30대 입니다!')
10   elif:
11       print('완전 어른이시네요!')
```

Shell

```
>>> %Run code_3_11.py
 어린이네요!
>>> %Run code_3_11.py
 10대 입니다!
>>> %Run code_3_11.py
 20대 입니다!
>>> %Run code_3_11.py
 30대 입니다!
>>> %Run code_3_11.py
 완전 어른이시네요!
>>>
```

똑같은 것 반복시키기 : 반복문

컴퓨터가 가장 잘하는 게 뭘까요? 완벽한 계산? 물론 완벽한 계산도 있지만, 또 하나 잘하는 게 똑같은 것을 질리지 않고 계속 반복할 수 있다는 거예요. 사람은 똑같은 것을 계속 반복하면 싫어하지만, 컴퓨터는 투정 없이 100번, 1,000번 아니면 영원히 똑같은 것을 반복할 수 있어요. 컴퓨터가 무언가를 반복하도록 만들 때 사용하는 것이 반복문이에요. [코드 3-19]를 한번 실행해보세요. 실행하면 '안녕하세요!'가 화면에 계속 찍히는 것을 볼 수 있어요. 여기 사용된 것이 while문이에요. while은 우리나라 말로 번역하면 '~하는 동안'을 뜻해요. while문이 동작하는 것도 뜻과 유사해요. 그리고 while문은 if문과 비슷해요. 바로 조건을 확인하죠. 차이점은 if문은 조건이 참이면 if문 안에 내용을 한 번만 실행하지만 while문은 조건이 참인 동안에 while문 안의 내용을 계속 반복해요. 그리고 if문처럼 while문도 콜론(:) 다음에 들여쓰기를 꼭 지켜줘야 해요.

코드 3-19 while문 : 무한 반복

```
1  while True:
2      print('안녕하세요!')
```

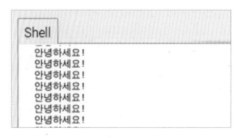

[코드 3-19]를 실행하면 멈추지 않고 계속 글자가 표시돼요. 이런 걸 무한 반복이라고 해요. 만약 무한 반복이 아니라 5번만 반복하고 싶다면 어떻게 해야 할까요? [코드 3-20]과 같이 변수를 이용해 정해진 횟수만 반복하게 만들 수 있어요. 1번 줄에서 count 변수에 숫자 0을 넣었어요. 그리고 2번 줄에 while문으로 들어가는데 이때 조건을 확인해요. count 변수의 값이 0이기 때문에 조건은 참이 돼요. 그리고 3번 줄이 실행되어서 '안녕하세요!'가 화면에 표시돼요. 그리고 4번 줄이 실행되는데, count 변수에 있는 값과 1을 합친 뒤 그걸 다시 count 변수에 넣어줘요. 즉, count 변수의 값이 1이 커져서 숫자 1이 돼요. 그럼 다시 2번 줄에 있는 조건을 확인해요. count 변수의 값이 1이어서 이번에도 조

건이 참이 돼요. 그래서 또 3번 줄과 4번 줄이 실행돼요. 4번 줄이 실행되어서 변수의 값이 2가 되고 다시 또 2번 줄의 조건을 확인해요. count 변수의 값이 2여서 조건이 참이 돼요. 따라서 또 3번 줄과 4번 줄이 실행돼요. 그런데 이번에는 4번 줄을 실행하고 count 변수의 값이 3이 되기 때문에 2번 줄의 조건이 거짓이 돼요. 즉, 더 이상 반복하지 않아요.

코드 3-20 while문 : 조건을 이용해 3번 반복하기

```
1    count = 0
2    while count < 3:
3        print('안녕하세요!')
4        count = count + 1
```

if문을 사용해 정해진 횟수만 반복하게 할 수도 있어요. [코드 3-21]을 실행하면 결과는 [코드 3-20]과 같아요. 다른 점은 2번 줄에 while문을 참으로 설정해 무한 반복으로 설정한 상태에서 5번 줄에서 if 문을 사용해요. 만약 count 변수 안에 있는 값이 3이 되면 6번 줄의 break가 실행돼요. break를 우리나라 말로 번역하면 여러 뜻이 있는데, 이 중 '끝내다', '종료한다'는 뜻을 가지고 있어요. 이 뜻처럼 break는 반복문 안에 있을 때, 반복문을 빠져나가는 기능을 해요. 이렇게 if문과 break를 이용해서도 정해진 횟수만큼 반복시킬 수 있어요.

코드 3-21 while문 : if문을 사용해 3번 반복하기

```
1    count = 0
2    while True:
3        print('안녕하세요!')
4        count = count + 1
```

```
5        if count == 3:
6            break
```

while문 말고 반복을 할 수 있는 것이 for문이에요. for도 우리나라 말로 번역하면 '~하는 동안'이라는 뜻을 가지고 있어요. [코드 3-22]를 실행하면 [코드 3-20]과 결과가 같아요. 1번 줄을 보면 range라는 것이 나오는데, range는 우리나라 말로 번역하면 '범위'라는 뜻을 가지고 있어요. 여기서 range는 for문이 반복할 범위를 설정하는 역할을 해요. 좀 더 이해가 쉽도록 하나씩 천천히 살펴볼게요. 1번 줄에서 for문이 실행되면서 num이라는 변수에 숫자 0이 들어간 후 2번 줄이 실행돼 글자가 표시돼요. 그리고 다시 1번 줄로 돌아오면서 num에 숫자 1이 들어간 후 2번 줄이 실행돼 글자가 표시돼요. 다시 한번 1번 줄로 돌아오면서 num에 숫자 2가 들어가요. 그리고 2번 줄이 실행돼 글자가 또 표시돼요. 그런데 이번에는 다시 1번 줄로 돌아가지 않고 반복이 종료돼요. 즉, range(0, 3)은 0부터 2 즉, 3보다 하나 작은 2까지의 범위이고, 이 for문은 num이라는 변수가 0에서 2로 하나씩 바뀌면서 반복된다고 보면 돼요.

코드 3-22 for문

```
1    for num in range(0, 3):
2        print('안녕하세요!')
```

파이썬을 배울 수 있는 사이트들

앞에서 라즈베리 파이를 더욱 재미있게 즐기기 위한 파이썬 기초를 배웠어요. 하지만 이 책이 파이썬 전문 책이 아니기 때문에 파이썬에 대한 많은 내용을 소개하지 못했어요. 혹시나 파이썬을 좀 더 공부하고 싶은 사람들을 위해 인터넷에서 파이썬을 배울 수 있는 좋은 사이트들을 소개해요.

01 │ Codecademy(www.codecademy.com)

Codecademy는 IT 관련 강좌로 유명한 교육 사이트예요. 무료 코스와 유료 코스가 존재하는데, 무료 코스를 통해서도 거의 모든 강좌를 들을 수 있어요. 한번, 구글에서 'Codecademy 파이썬'이라고 검색해보세요. 그럼 'Codecademy'에 한국어로 개설된 파이썬 강좌를 볼 수 있어요.

혹시나 강좌라고 해서 다른 강좌들처럼 동영상 등을 통해 교육하는 것으로 생각할 수 있는데, Codecademy는 그런 방식이 아니라 직접 개발자가 되어 하나하나 코딩을 하는 방식으로 교육해요. 단계마다 미션을 주고 그걸 해결하면 다음 미션으로 넘어가요. 파이썬 강좌뿐만 아니라 HTML, Javascript, SQL 등 다양한 강좌도 들을 수 있어요.

02 | CodeCombat(codecombat.com)

CodeCombat은 파이썬 프로그래밍으로 게임을 하는 사이트예요. '아니 무슨 프로그래밍을 이용해 게임을 하냐'라며 의아해할 수도 있지만 진짜 파이썬 프로그래밍을 이용해 게임을 해요. CodeCombat의 게임 장르는 자신이 직접 용사나 마법사가 되는 RPG 게임이고, 자신의 캐릭터를 파이썬 코드를 이용해 움직여요.

예로 용사가 몬스터와 싸우는 부분을 보면 'hero.moveRight'라는 명령어로 오른쪽으로 움직이고, 'hero.attack'이라는 명령어로 몬스터를 공격할 수 있어요. CodeCombat도 파이썬 뿐만 아니라 Javascript, Lua 등 다른 언어를 이용할 수도 있어요.

PART

04

라즈베리 파이
살펴보기

이번 장에서는 라즈베리 파이가 할 수 있는 것들이 무엇이 있는지 살펴봅니다. 간단한 텍스트 출력부터 1080p 동영상 재생, 3D 그래픽 프로그램 등을 돌려보고 오디오 재생도 해봅니다.

라즈베리 파이 살펴보기

라즈베리 파이로 할 수 있는 것들이 무엇이 있을까요? 앞에서 라즈베리 파이를 이용한 프로젝트를 설명하고, 라즈비안을 설치도 해봤지만, 여전히 라즈베리 파이로 정확히 무엇을 할 수 있는지 궁금한 사람들이 있을 거예요. 이번에는 라즈베리 파이의 데모 프로그램을 실행해볼 거예요. 게임의 경우 게임을 구매하기 전에 데모 게임을 제공하듯이 라즈베리 파이의 다양한 기능들을 확인할 수 있어요. 특히 고화질 동영상 재생이나 3D 그래픽 프로그램을 실행하는 것도 할게요.

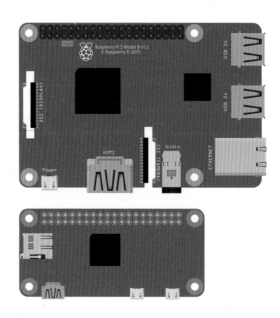

라즈베리 파이의 데모 프로그램을 실행하려면 준비할 것이 필요해요. 데모 프로그램을 실행할 수 있도록 컴파일이라는 것을 해야 해요. 터미널을 실행해서 [코드 4-1]과 같이 입력해주세요. 입력하면 데모 프로그램이 있는 [hello_pi] 폴더로 이동해요.

코드 4-1 데모 [hello_pi] 폴더로 이동하기

```
cd /opt/vc/src/hello_pi
```

이 폴더 안에 여러 종류의 데모 프로그램들이 있어요. [코드 4-2]를 입력해주세요. 'ls'는 리눅스에서 현재 폴더에 있는 하위 폴더 및 파일을 보여주는 명령어예요. 입력하면 'hello_'로 시작하는 다양한 종류의 데모 프로그램을 볼 수 있어요.

코드 4-2 파일 스캔하기

```
ls
```

현재 상태에서는 곧바로 데모 프로그램을 실행할 수 없어요. [코드 4-3]을 입력해주세요. [코드 4-3]은 'rebuild.sh'라는 스크립트 파일을 실행하는 거예요. 그리고 이 스크립트 파일이 데모 프로그램을 실

행할 수 있도록 컴파일을 해줘요. 스크립트가 실행되다가 끝나면 이제 데모 프로그램을 실행할 준비
가 된 거예요.

코드 4-3 데모 프로그램 컴파일하기

```
./rebuild.sh
```

Hello world

앞에서 파이썬을 통해 해봤듯이 데모 프로그램 중에도 화면에 'Hello World'를 출력하는 것이 있어요. [코드 4-4]를 입력해주세요. 입력하면 [hello_world] 폴더로 이동해요.

코드 4-4 [hello_word] 폴더로 이동하기

```
cd hello_world
```

[코드 4-5]와 같이 입력해 파일을 스캔해주세요. 그럼 현재 폴더에 [hello_world.bin]이라는 파일이 있는 것을 볼 수 있어요. 이 파일이 실행 파일이에요.

코드 4-5 파일 스캔하기

```
ls
```

프로그램을 실행하는 방법은 앞에서 스크립트 파일을 실행하는 방법과 같아요. [코드 4-6]과 같이 입력하면 프로그램이 실행돼요. 실행하면 화면에 'Hello world!'라는 글자가 찍히는 것을 볼 수 있어요. 우리는 앞에서 파이썬을 이용해 'Hello world'를 출력했다면, 이 프로그램은 c라는 프로그래밍 언어를 이용해 'Hello world'를 출력한 거예요. 그리고 world.c가 그 코드 파일이에요.

코드 4-6 프로그램 실행하기

```
./hello_world.bin
```

Hello video

이번에는 동영상 재생을 해볼게요. [코드 4-7]을 입력해주세요. 입력하면 상위 폴더인 [hello_pi] 폴더로 이동해요.

코드 4-7 상위 폴더로 이동하기

```
cd ..
```

[코드 4-8]과 같이 입력해주세요. 입력하면 [hello_video] 폴더로 이동하고, 폴더 안의 파일을 스캔해요. 여기서도 'bin' 확장자 파일인 'hello_video.bin' 파일이 실행 파일이에요. 그리고 'test.h264'라는 파일도 보이는데 이 파일이 동영상 파일이에요. 실행 파일을 이용해 이 파일을 재생할게요.

코드 4-8 [hello_video] 폴더로 이동한 후 파일 스캔하기

```
cd hello_video
ls
```

[코드 4-9]와 같이 입력해주세요. 입력하면 동영상이 재생돼요. 'test.h264' 파일이 1080p 동영상 파일인데, 이렇게 라즈베리 파이로 HD 동영상도 재생할 수 있어요.

코드 4-9 동영상 재생하기

```
./hello_video.bin test.h264
```

Hello triangle

이번에는 3D 그래픽 프로그램을 실행해볼게요. [코드 4-10]을 입력해주세요. 입력하면 상위 폴더로 갔다가 [hello_trianlge] 폴더로 이동해요. 그리고 폴더에 있는 파일들이 표시되는 것을 볼 수 있어요. 이 중 'hello_triangle.bin'이 실행 파일이에요.

코드 4-10 [hello_triangle] 폴더로 이동한 후 파일 스캔하기

```
cd ..
cd hello_triangle
ls
```

[코드 4-11]과 같이 입력해주세요. 입력하면 'hello_triangle' 프로그램이 실행돼요. 실행하면 각 면에 사진 이미지가 표시되는 정육면체의 3D 그래픽을 볼 수 있어요. 이렇게 라즈베리 파이를 이용해 3D 프로그램도 실행할 수 있어요. **Ctrl** + **C** 를 누르면 프로그램이 종료돼요.

코드 4-11 'hello_triangle' 프로그램 실행하기

```
./hello_triangle.bin
```

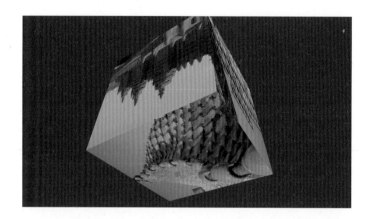

Hello triangle 2

앞에서 3D 그래픽을 구현할 때 사용된 기술이 Open GL ES라는 기술이에요. 이번에도 같은 Open GL ES를 사용한 프로그램을 실행할게요. **[코드 4-12]**와 같이 입력해주세요. 입력하면 [hello_triangle2] 폴더로 이동해요. 그리고 파일이 스캔되는데, 이 중 'hello_triangle2.bin'이 실행 파일이에요.

코드 4-12 [hello_triangle2] 폴더로 이동한 후 파일 스캔하기

```
cd ..
cd hello_triangle2
ls
```

[코드 4-13]과 같이 입력해주세요. 입력하면 'hello_triangle2' 프로그램이 실행돼요. 실행이 되면 마우스를 움직여보세요. 마우스를 움직이는 것에 따라 화면에 모양이 바뀌는 것을 볼 수 있어요. 화면에 보이는 모형을 프랙탈(fractal) 모형이라고 해요. 라즈베리 파이와 Open GL ES를 이용해 이런 기이한 모형을 그릴 수도 있어요. **Ctrl** + **C** 를 누르면 프로그램이 종료돼요.

'hello_triangle2' 프로그램 실행하기

```
./hello_triangle2.bin
```

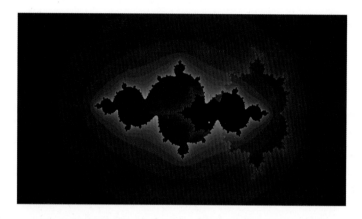

Hello teapot

이번에는 좀 더 화려한 3D 그래픽 프로그램을 실행해볼게요. [코드 4-14]를 입력해주세요. 입력하면 [hello_teapot] 폴더로 이동해요. 그리고 파일이 스캔되는데, 이 중 'hello_teapot.bin'이 실행 파일이에요.

코드 4-14 [hello_teapot] 폴더로 이동한 후 파일 스캔하기

```
cd ..
cd hello_teapot
ls
```

[코드 4-15]와 같이 입력해주세요. 입력하면 'hello_teapot' 프로그램이 실행되고 주전자 모양을 볼 수 있어요. 그런데 다음과 같이 실행되면 정상적으로 실행된 게 아니에요. **Ctrl** + **C**를 눌러 종료해주세요. 터미널에 [코드 4-16]과 같은 에러 메시지도 표시됐을 거예요. 이렇게 뜨는 이유는 필요한 GPU 메모리가 모자라기 때문이에요.

```
./hello_teapot
```

라즈비안 메뉴에서 [Preferences]를 눌러주세요. 하위 메뉴가 나타나는데 여기서 [Raspberry Pi Configuration]을 클릭해주세요.

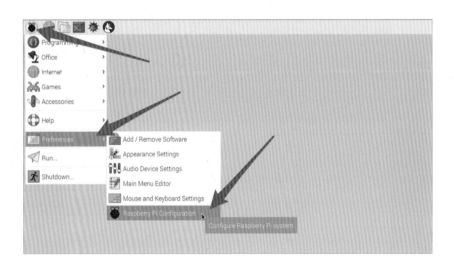

[Raspberry Pi Configuration]이 뜨면 [Performance] 탭을 눌러주세요. [Performance] 탭으로 이동하면 GPU Memory가 64로 되어 있는 것을 볼 수 있어요. 여길 128로 바꿔주세요. 그리고 [OK] 버튼을 눌러주세요. OK를 누르면 영어로 다시 시작할건지 물으면 [Yes]를 눌러주세요.

라즈비안이 재시작하면 터미널을 실행하고 [코드 4-17]과 같이 입력해 'hello_teapot' 프로그램을 다시 실행해주세요. 실행하면 'hello_video'를 실행할 때 봤던 동영상이 주전자 표면에 재생되는 것을 볼 수 있어요. **Ctrl** + **C** 를 누르면 프로그램이 종료돼요.

코드 4-17 [hello_teapot] 폴더 이동 및 프로그램 실행하기

```
cd /opt/vc/src/hello_pi/hello_teapot/
./hello_teapot.bin
```

Hello audio

이번에는 사운드 프로그램을 실행해볼게요. [코드 4-18]을 입력해주세요. 입력하면 [hello_audio] 폴더로 이동해요. 그리고 파일이 스캔되는데, 이 중 'hello_audio.bin'이 실행 파일이에요.

코드 4-18 [hello_audio] 폴더로 이동한 후 파일 스캔하기

```
cd ..
cd hello_audio
ls
```

[코드 4-19]와 같이 입력해주세요. 입력하면 'hello_audio' 프로그램이 실행되고 라즈베리 파이 옆에 있는 오디오 잭을 통해 '웅~ 웅~ 웅~' 하는 소리를 들을 수 있어요. 만약 HDMI 모니터에 스피커 기능이 있고 HDMI 모니터로 소리를 듣고 싶다면 [코드 4-20]과 같이 입력해주세요. 이와 같이 라즈베리 파이로 소리나 음악을 재생할 수 있어요. **Ctrl** + **C**를 누르면 프로그램이 종료돼요.

코드 4-19 'hello_audio' 프로그램 실행하기

```
./hello_audio.bin
```

코드 4-20　HDMI에서 소리나도록 'hello_audio' 프로그램 실행하기

```
./hello_audio.bin 1
```

라즈베리 파이 제로 W를 이용한 재미있는 프로젝트들

라즈베리 파이 제로 W는 사이즈가 3 x 6.5cm 밖에 안 돼요. 그럼에도 성능은 기존 라즈베리 파이와 같으면서 WiFi도 연결할 수 있어요. 이런 장점 때문에 라즈베리 파이 제로 W를 이용한 재미있는 프로젝트들이 많아요. 어떤 것들이 있는지 같이 살펴볼게요.

01 | 라즈베리 파이를 품은 게임 컨트롤러(bit.ly/2zBpe2L)

라즈베리 파이 제로 W는 워낙 작아서 웬만한 게임 컨트롤러보다도 작아요. 그런데 이 작은 라즈베리 파이 제로 W를 게임 컨트롤러 안에다 넣으면 무슨 일이 생길까요? 외국에 한 메이커가 게임 컨트롤러에 라즈베리 파이 제로 W를 넣는 프로젝트를 공개했어요. 바로 이 게임 컨트롤러에 TV만 연결하면 재미있는 게임을 즐길 수 있어요.

앞에서 라즈베리 파이에 RetroPie라는 것을 설치하면 추억의 오락실 게임들을 즐길 수 있다고 했는데, 바로 이 라즈베리 파이 제로 W에 RetroPie를 설치한 거예요. 그리고 다음과 같이 게임 컨트롤러 안에 라즈베리 파이 제로 W와 배터리를 넣었고, 기존 컨트롤러의 버튼도 라즈베리 파이 제로 W에서 인식할 수 있도록 전선으로 다 연결해놓았어요. 자세한 방법이 링크에 나와 있기 때문에 여러분도 한번 따라 해보세요.

02 | 라즈베리 파이 Airplay Boombox(bit.ly/2zA7zZi)

아이폰을 사용하는 사람들이라면 Airplay를 통해 핸드폰의 화면이나 소리를 TV나 스피커에서 재생되도록 할 수 있어요. 라즈베리 파이 Airplay Boombox는 라즈베리 파이 제로 W를 Airplay가 가능하도록 만들어주는 프로젝트예요. 바로 Airplay를 이용해 라즈베리 파이 제로 W에서 노래를 재생할 수 있어요.

라즈베리 파이 Airplay Boombox는 아다푸르트(adafruit)라는 회사에서 공개한 프로젝트예요. 이 회사의 다른 라즈베리 파이 제로 W 프로젝트 중에 라즈베리 파이 제로 NPR

ONE RADIO라는 프로젝트(bit.ly/2uuQVVd)도 있어요. 우리나라에서는 영어 공부를 할 때 NPR 인터넷 라디오를 듣는 사람들이 많은데, 바로 라즈베리 파이 제로 W로 NPR 인터넷 라디오를 들을 수 있게 하는 프로젝트예요.

PART

05

스크래치

이번 장에서는 라즈비안에 있는 스크래치를 실행해봅니다. 라즈비안에 있는 스크래치로 라즈베리 파이를 제어할 수 있습니다. 스크래치를 이용해 LED를 깜빡이거나 버튼을 눌렀을 때 스크래치에서 인식하도록 해봅니다.

스크래치 소개

스크래치(scratch.mit.edu)는 MIT 미디어랩의 미첼 레즈닉 교수와 그의 동료들이 만든 프로그래밍 언어예요. 애초에 8~16세 학생들을 위해 만들어졌는데, 그 때문인지 다루기가 상당히 쉽게 되어 있어요.

스크래치는 레고를 조립하듯이 블록을 통해 프로그래밍을 해요. 블록은 크게 동작, 이벤트, 제어와 같은 9가지 종류로 구성이 되어 있어 여러분이 배운 변수와 함수 그리고 조건문과 반복문을 이 블록을 이용해 쉽게 만들 수 있어요.

```
클릭했을 때
지우기
크기를 50 % 로 정하기
무한 반복하기
    도장찍기
    5 만큼 움직이기
    색깔 ▼ 효과를 5 만큼 바꾸기
    마우스 포인터 ▼ 쪽 보기
    ↻ -30 부터 30 사이의 난수 도 돌기
    벽에 닿으면 튕기기

스페이스 ▼ 키를 눌렀을 때
다음 모양으로 바꾸기
```

클릭했을 때

무한 반복하기

다음 모양으로 바꾸기

0.5 초 동안 x: -80 y: -40 으로 움직이기

다음 모양으로 바꾸기

0.5 초 동안 x: -170 y: -40 으로 움직이기

또한 좋아하는 그림을 사용해 애니메이션을 만들거나 목소리를 녹음해 효과음으로 사용할 수도 있어요. 대부분 스크래치를 통해 재미있는 뮤직 비디오를 만든다거나 게임을 만드는 학생들이 많아요.

Clear

스크래치의 또 하나 장점은 다른 사람들이 만든 작품을 공유할 수 있다는 거예요. 홈페이지에 보면 다른 사람들의 작품을 볼 수 있는데, 직접 실행해보거나 원한다면 가지고 와서 수정할 수도 있어요. 그뿐만 아니라 전 세계 다양한 사람들과 함께 더 재미있는 것을 만들 수도 있답니다. 한번 스크래치를 통해 재미있는 프로그램을 만들어 보길 바라요. 라즈비안에도 스크래치가 깔려 있어요. 여기서는 스크래치를 이용해 라즈베리 파이를 제어해볼게요. 이 책에서는 스크래치에 대해 자세히 설명해줄 수 없기 때문에 관심 있는 사람들은 '스크래치&센서보드로 만드는 게임 프로그래밍(bit.ly/2MLocDW)'이라는 책을 추천해요.

LED 깜빡이기

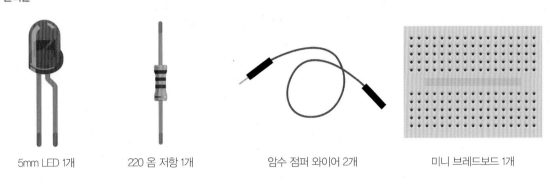

| 5mm LED 1개 | 220 옴 저항 1개 | 암수 점퍼 와이어 2개 | 미니 브레드보드 1개 |

하드웨어에 보면 GPIO라는 것이 있어요. GPIO란 'General Purpose Input Output'의 약자로 쉽게 설명하면 우리가 원하는 형태로 사용할 수 있는 입력과 출력이란 뜻이에요. 아두이노로 치면 센서와 액추에이터를 제어했던 핀들이 GPIO 핀이라 할 수 있죠. 라즈베리 파이 같은 경우에도 GPIO 핀이 존재해요. 예전 옛날 라즈베리 파이 모델에는 26개의 핀이 존재하고, 라즈베리 파이 B+ 이상부터는 40개의 핀이 존재해요. 다음 그림을 보면 전원(3.3V, 5V), 그라운드 그리고 GPIO가 표시된 것을 볼 수 있어요. 이번 시간에는 GPIO에 LED를 연결하고 이걸 스크래치를 이용해서 깜빡이는 것을 해볼게요. 혹시나 하드웨어로 센서나 액추에이터를 제어하는 걸 더 알고 싶다면 '아두이노, 상상을 현실로 만드는 프로젝트 입문편(bit.ly/2lfHZir)' 도서를 참고해주세요.

TIP 라즈베리 파이는 전자부품을 연결할 때 전원을 꼭 꺼주세요. 특히나 라즈베리 파이는 핀 헤더 옆에 아두이노처럼 숫자나 글자가 적혀있지 않기 때문에 잘못 연결할 가능성이 더 높아요. 따라서 연결한 뒤에도 제대로 연결한 것이 맞는지 꼼꼼히 다시 확인해주세요.

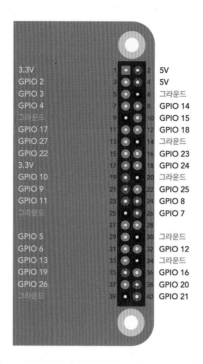

3.3V	1	2	5V
GPIO 2	3	4	5V
GPIO 3	5	6	그라운드
GPIO 4	7	8	GPIO 14
그라운드	9	10	GPIO 15
GPIO 17	11	12	GPIO 18
GPIO 27	13	14	그라운드
GPIO 22	15	16	GPIO 23
3.3V	17	18	GPIO 24
GPIO 10	19	20	그라운드
GPIO 9	21	22	GPIO 25
GPIO 11	23	24	GPIO 8
그라운드	25	26	GPIO 7
	27	28	
GPIO 5	29	30	그라운드
GPIO 6	31	32	GPIO 12
GPIO 13	33	34	그라운드
GPIO 19	35	36	GPIO 16
GPIO 26	37	38	GPIO 20
그라운드	39	40	GPIO 21

참고로 라즈베리 파이 제로 W의 경우에는 핀 헤더가 납땜 되어 있는 게 있고, 안 되어 있는 게 있어요. 안 되어 있는 경우 다음과 같이 납땜해줘야 해요. 납땜할 때 '라즈베리 파이 납땜 교육 영상(youtu. be/8Z-2wPWGnqE)'을 참고해주세요.

회로도 5-1 스크래치 – LED 깜빡이기(bit.ly/2lcDo0f)

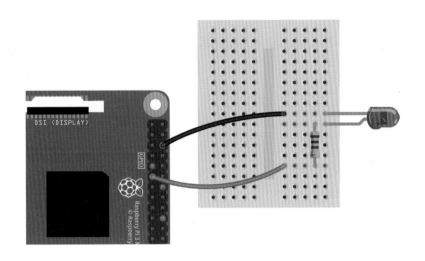

01 라즈베리 파이 GPIO 17 핀에 점퍼 와이어를 연결한 뒤 미니 브레드보드에 꽂아주세요.

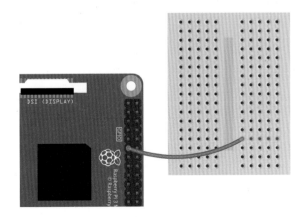

02 저항을 디귿(ㄷ)자로 구부린 뒤 한 쪽을 방금 전 점퍼 와이어를 꽂은 줄에 꽂아주세요.

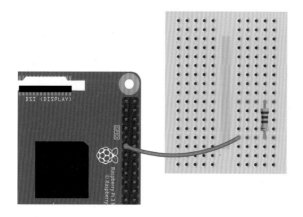

03 점퍼 와이어가 꽂힌 줄 말고 저항의 다른 다리가 꽂힌 줄에 LED의 긴 다리를 꽂아주세요.

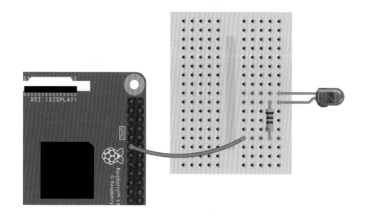

04 라즈베리 파이의 그라운드 핀에 점퍼 와이어를 연결한 뒤 LED의 짧은 다리가 꽂힌 줄에 반대쪽
    을 꽂아주세요.

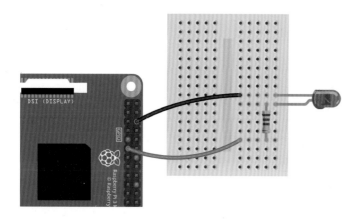

05 완성된 모습이에요.

06 이제 라즈베리 파이에 연결한 LED를 스크래치로 제어해볼게요. 라즈비안 메뉴에서 [개발]을 눌러주세요. 누르면 하위 메뉴에 [Scratch]가 있는 것을 볼 수 있어요. 다음과 같이 Scratch와 Scratch 2가 있어요. 이 중 [Scratch 2]를 클릭해주세요.

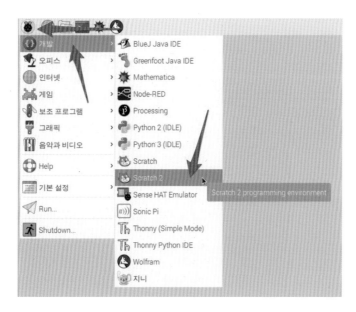

07 클릭하면 다음과 같이 Scratch 2가 실행돼요. 처음 실행하면 언어가 영어로 되어 있어요. 좌측 상단의 '지구본' 아이콘을 클릭해주세요.

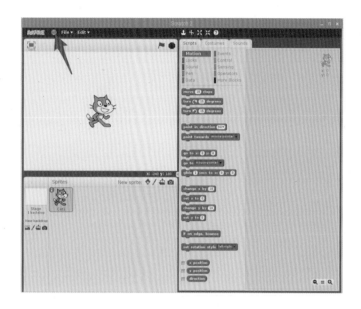

08 클릭하면 언어 목록이 나오는데, 이 중 [한국어]를 선택해주세요. 선택하면 메뉴 글자들이 한글로 바뀐 것을 볼 수 있어요.

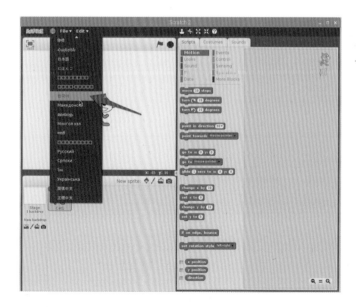

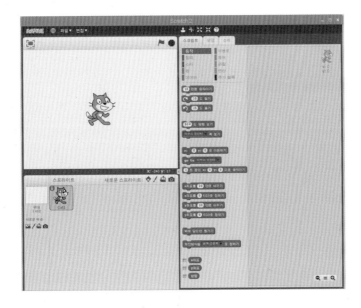

09 Scratch 2에서 라즈베리 파이의 GPIO를 제어하려면 별도 블록을 추가해야 해요. [스크립트] 탭에서 [추가 블록]을 클릭해주세요. 그리고 [확장 프로그램 추가] 버튼을 클릭해주세요.

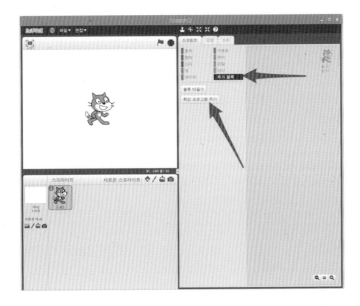

10 클릭하면 다음과 같이 목록이 표시돼요. 이 중 'Pi GPIO'를 선택해주세요. 선택하면 Pi GPIO 블록들이 추가된 것을 볼 수 있어요.

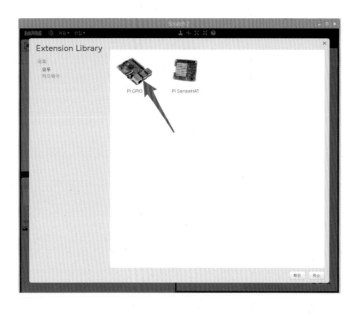

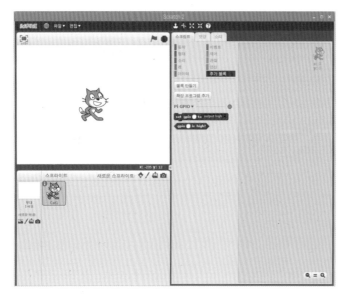

11 이벤트 부분에서 [초록 깃발 클릭했을 때] 블록을 드래그하여 옆에 화면에 추가해주세요. 이 블록은 고양이 캐릭터가 있는 실행 창 우측 상단의 초록 깃발 버튼을 누르면 실행되는 블록이에요.

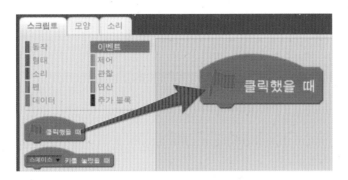

12 제어 부분에서 [무한 반복하기] 블록을 드래그하여 [초록 깃발 클릭했을 때] 블록 밑에 추가해주세요. 블록을 드래그하여 [초록 깃발 클릭했을 때] 블록 가까이 대면 다음과 같이 하얀 선으로 표시가 떠요. 그 상태에서 놓아주면 그 밑에 블록이 붙어요. [무한 반복하기] 블록은 안에 있는 포함된 블록을 계속 반복해주는 블록이에요.

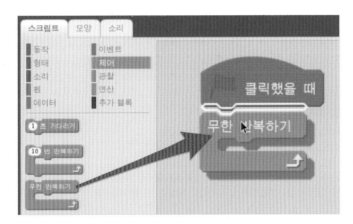

13 추가 블록 부분의 Pi GPIO에서 [set gpio to output high] 블록을 드래그하여 [무한 반복하기] 블록 안에 추가해주세요. 블록을 드래그하여 [무한 반복하기] 블록 안에 놓아주면 그 안에 블록이 붙어요. [set gpio to output high] 블록은 GPIO를 설정하는 블록이에요. 이 블록으로 GPIO를 켜거나 또는 *끄거나* 아니면 입력으로 설정할 수 있어요.

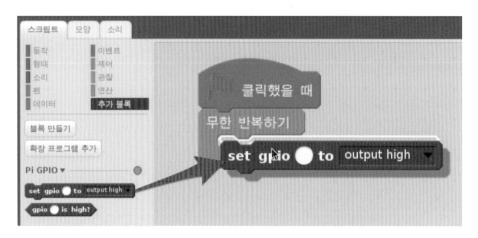

14 [set gpio to output high] 블록 중간 빈칸에 '17'을 입력해주세요. 이제 이 블록이 실행되면 GPIO 17 핀을 켜요(HIGH).

15 제어 부분에서 [1초 기다리기] 블록을 [set gpio 17 to output high] 블록 밑에 추가해주세요. 이 블록이 실행될 때 프로그램이 1초 멈춰요.

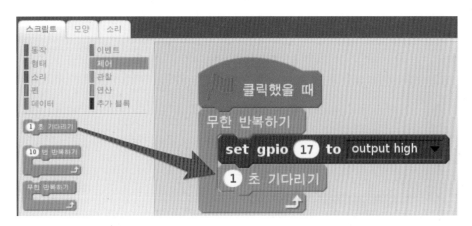

16 [set gpio 17 to output high] 블록 위를 우측 마우스 버튼으로 클릭해주세요. 클릭하면 메뉴 가 뜨고 그중 [복사]를 선택해주세요. 선택하면 블록 2개가 복사돼요. 복사된 블록을 [1초 기다리 기] 블록 밑에 붙여주세요.

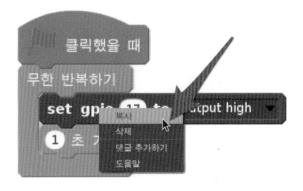

17 방금 복사한 [set gpio 17 to output high] 블록 우측 드롭다운 버튼을 클릭해주세요. 클릭하면 메뉴가 뜨는데, 이 중 [output low]를 선택해주세요. 이 블록이 실행되면 GPIO 17 핀을 꺼요(LOW). 이제 블록을 완성했어요.

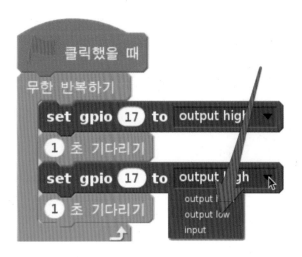

18 이제 완성한 블록을 실행해볼게요. 실행 화면 우측 상단의 초록 깃발을 클릭해주세요. 그럼 블록들의 테두리가 하얗게 변하고, 라즈베리 파이에 연결된 LED가 1초마다 켜졌다 꺼졌다 하는 것을 볼 수 있어요.

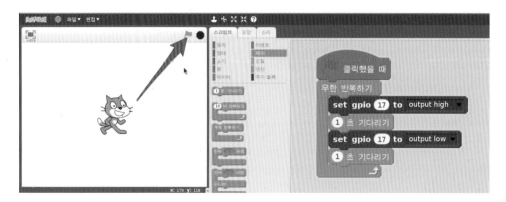

버튼 제어하기

준비물

버튼 1개   암수 점퍼 와이어 2개   미니 브레드보드 1개

이번 시간에는 GPIO에 버튼을 연결하고 버튼을 누르는 것을 인식해 스크래치에서 메시지가 표시되도록 해볼게요.

회로도 5-2 스크래치 – 버튼 제어하기(bit.ly/2MBpbGw)

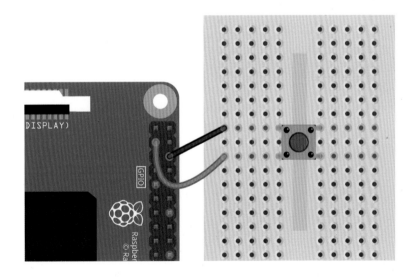

01 라즈베리 파이 GPIO 2 핀에 점퍼 와이어를 연결한 뒤 미니 브레드보드에 꽂아주세요.

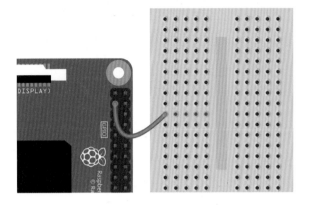

02 방금 전 점퍼 와이어를 꽂은 줄에 버튼의 한 쪽 다리가 연결되도록 브레드보드 가운데에 버튼을 꽂아주세요.

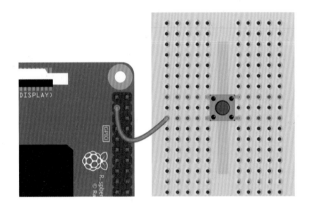

03 라즈베리 파이의 그라운드 핀에 점퍼 와이어를 연결한 뒤 버튼의 한 쪽 다리가 꽂힌 줄에 반대쪽을 꽂아주세요.

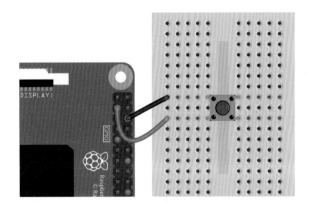

04 완성된 모습이에요.

05 제어 부분에서 [초록 깃발이 클릭되었을 때] 블록을 추가해주세요.

06 추가 블록 부분의 Pi GPIO에서 [set gpio to output high] 블록을 드래그하여 [초록 깃발이
   클릭되었을 때] 블록 밑에 추가해주세요. 그리고 [set gpio to output high] 블록의 중간 빈칸
   에 '2'를 입력하고, 우측 드롭다운 버튼을 클릭해 [input]으로 설정해주세요. 이렇게 설정하면 이
   블록이 실행될 때 GPIO 2핀이 입력으로 설정돼요.

07 제어 부분에서 [무한 반복하기] 블록을 [set gpio 2 to input] 블록 밑에 추가해주세요.

08 제어 부분에서 [만약 ~라면] 블록을 [무한 반복하기] 블록 안에 추가해주세요. [만약 ~라면] 블록은 블록 중간에 들어가는 조건이 맞는 경우 안에 있는 블록이 실행되는 블록이에요.

09 연산 부분에서 [~가(이) 아니다] 블록을 [만약 ~라면] 블록 중간에 끼워주세요. [가(이) 아니다] 블록은 조건의 맞고 틀린 것을 반대로 만들어줘요. 만약 조건이 맞는 것이라면 조건이 틀린 것으로, 조건이 틀린 것이라면 조건이 맞는 것으로 인식하게 해요.

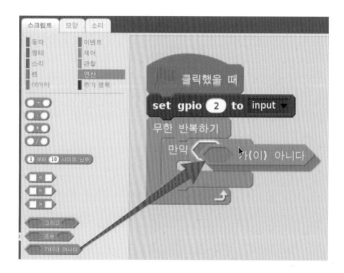

10 추가 블록 부분의 Pi GPIO에서 [gpio is high?] 블록을 [~가(이) 아니다] 블록 중간에 끼워주세요. 이렇게 하면 GPIO가 켜졌는지(HIGH) 확인하는 것이 아니라 꺼졌는지(LOW) 확인해요.

11 [gpio is high?] 블록 중간 빈칸에 '2'를 입력해주세요. 이렇게 하면 GPIO 2핀이 켜졌는지(HIGH) 확인하는데, 우리는 [~가(이) 아니다] 블록을 사용했기 때문에 GPIO 2핀이 꺼졌는지(LOW) 확인해요.

12 형태 부분에서 [Hello!을(를) 2초 동안 말하기] 블록을 [만약 ~라면] 블록 안에 추가해주세요. 이
   블록을 실행하면 실행 창의 캐릭터가 'Hello!'라고 2초 동안 말해요. 이제 블록을 완성했어요.

13 이제 완성한 블록을 실행해볼게요. 실행하고 버튼을 누르면, 실행 창의 고양이가 'Hello!'라고 2
   초간 말해요. 한번 메시지를 바꿔 실행해보세요.

라즈베리 파이에서 프로세싱 실행하기

이번 시간 스크래치를 이용해 라즈베리 파이를 제어하는 것을 해봤어요. 이처럼 라즈베리 파이로 스크래치를 실행할 수 있을 뿐만 아니라 다른 다양한 프로그램도 실행할 수 있어요. 그 중 라즈베리 파이에서 프로세싱을 실행해볼게요.

01 | 소개

프로세싱은 MIT 미디어랩의 케이시 리아스와 벤자민 프라이가 개발한 프로그래밍 언어예요. 프로세싱은 프로그래밍을 잘 모르는 일반인이나 디자이너들을 위해 만들어진 언어예요. 마치 종이에 스케치하듯이 프로그래밍을 통해 컴퓨터에 원하는 것을 쉽고 편리하게 그릴 수 있도록 되어 있어요.

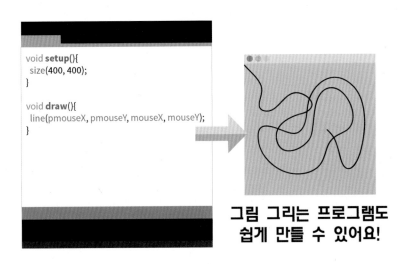

그림 그리는 프로그램도
쉽게 만들 수 있어요!

이렇게 프로세싱이 쉬운 이유는 프로세싱 IDE가 잘 만들어졌기 때문이에요. IDE(Integrated development environment)는 통합 개발 환경이라고도 하는데, 프로그래밍에 필요한 도구들을 하나로 모아 정리해놓은 거라 생각하면 돼요. 바로 이 프로세싱 IDE가 쉽고 편리하게 되어있기 때문에 프로그래밍을 잘 모르는 일반인이나 예술가도 간단히 프로그램을 만들 수가 있어요. 어떻게 보면 아두이노가 쉬운 것도 프로세싱에서 많은 부분을 빌려왔기 때문이라 할 수 있어요.

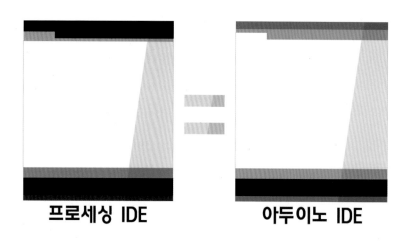

프로세싱 IDE = 아두이노 IDE

02 | 라즈비안에 프로세싱 설치하기

프로세싱은 라즈비안에 기본으로 깔려 있지 않아요. 따라서 별도로 설치해줘야 해요. 라즈베리 파이를 인터넷에 연결하고 터미널을 실행한 뒤 [코드 5-1]과 같이 입력해주세요. 입력하면 한 번에 프로세싱 설치 파일을 받고 설치까지 다 해줘요.

코드 5-1 프로세싱 설치하기

```
curl https://processing.org/download/install-arm.sh | sudo sh
```

03 | 실행하기

설치를 한 뒤에 메뉴에서 프로세싱을 실행할 수 있어요. 라즈비안 메뉴에서 [개발]을 눌러주세요. 하위 메뉴가 나타났을 때 Processing이 추가된 것을 볼 수 있어요. [Processing]을 클릭해주세요. 클릭하면 다음과 같이 프로세싱이 실행돼요. 라즈비안에 설치된 프로세싱은 앞에서 했던 스크래치와 같이 라즈베리 파이를 제어할 수도 있어요. 프로세싱과 관련해 더 많은 자료를 보고 싶다면 프로세싱 홈페이지(processing.org)와 라즈베리 파이 재단 프로젝트(bit.ly/2JVNIsk)를 참고하세요.

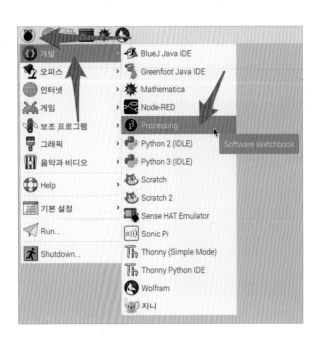

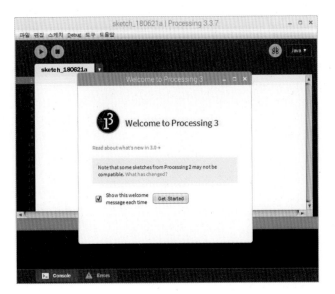

PART

06

마인크래프트

이번 장에서는 라즈비안에 있는 마인크래프트를 실행해봅니다. 라즈비안에 있
는 마인크래프트는 앞에서 배운 파이썬을 이용해 제어할 수 있습니다. 예로 캐
릭터가 지나가는 곳마다 꽃을 뿌리거나, 거대한 TNT 블록 더미를 만들어서 폭
발시키는 것을 해봅니다.

마인크래프트 소개

마인크래프트(minecraft.net)는 2018년 3월 26일 기준으로 전 세계에서 가장 많이 팔리고 많은 사랑을 받는 게임이에요. 아마 이 책을 보는 독자들 중에도 마인크래프트를 좋아하는 사람들이 많을 거예요. 마인크래프트는 노치(Notch)라는 닉네임으로 더 많이 알려진 스웨덴의 게임 디자이너 마르쿠스 페르손(Markus Persson)이 만든 게임이에요.

마인크래프트는 특별한 규칙 없이 블록을 쌓아 상상하는 모든 것을 만들 수 있는 자유로운 게임이에요. 늪, 산악, 냉대 침엽수림, 사막, 숲, 초원, 정글, 빙야, 바다, 희귀 버섯들이 가득한 장소와 같이 다양한 환경에서 여행도 할 수 있어요. 혼자 또는 여러 명이 함께 플레이할 수도 있고요. 세상을 탐험하고 놀라운 건물들을 지을 수 있는 크리에이티브 모드, 사냥하고 채굴하면서 밤이면 나타나는 몬스터들과 싸우는 서바이벌 또는 하드코어 모드로 플레이할 수 있어요.

라즈비안에는 특별 버전의 마인크래프트가 포함되어 있어요. 기본 버전의 마인크래프트와는 달리 오로지 크리에이티브 모드만 할 수 있어요. 그 대신 파이썬을 이용해 마인크래프트를 쉽게 제어할 수 있도록 해놨어요. 파이썬을 이용해 플레이어를 조종하거나, 블록을 쌓을 수 있어요. 이번 시간에 플레이어가 지나는 길에 꽃이 피게 하거나, 거대한 TNT 블록 더미를 만들어서 폭발시키는 것을 할 거예요.

마인크래프트 실행하기

라즈비안 메뉴에서 [게임]을 눌러주세요. 하위 메뉴에 [Minecraft Pi]가 있는 것을 볼 수 있어요. [Minecraft Pi]를 클릭해주세요.

클릭하면 다음과 같이 라즈베리 파이용 마인크래프트가 실행되는 것을 볼 수 있어요. [Start Game] 과 [Join Game] 버튼을 볼 수 있어요. Join Game의 경우 다른 사용자와 멀티 플레이를 할 때 선택 하는데, 여기서는 혼자서 하는 것만 설명할게요. [Start Game]을 선택해주세요.

선택하면 다음과 같이 화면이 떠요. 처음 게임을 실행하면 이와 같이 불러올 수 있는 게임이 하나도 없어요. 하단에 [Create new] 버튼을 눌러주세요. 누르면 다음과 같은 화면이 뜨면서 게임이 로딩하다가 시작하는 것을 볼 수 있어요.

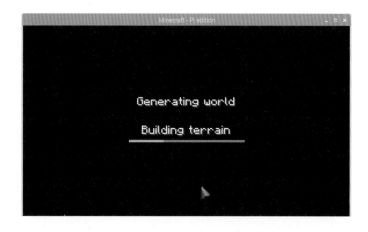

기본적인 키 이동은 [표 6-1]과 같아요. 키를 눌러 플레이어를 움직여보세요. 그리고 Space Bar 를 빠르게 두 번 눌러 하늘로 날아보세요.

표 6-1 플레이어 단축키

키	동작
W	앞으로 이동
A	왼쪽으로 이동
S	뒤로 이동
D	오른쪽으로 이동
E	인벤토리 창 열기
Space Bar	점프
Space Bar + 2	하늘로 날기 / 떨어지기
Esc	잠시 멈춤 / 게임 메뉴
Tab	마우스 커서 빠져나오기

E 를 누르면 다음과 같이 인벤토리 창이 떠요. 기존 마인크래프트 버전의 인벤토리 창과 좀 달라요.

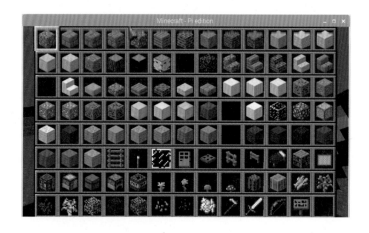

[Esc]를 누르면 다음과 같이 메뉴가 떠요. 좌측 상단에 버튼 2개가 있는데, 왼쪽이 볼륨 설정이고, 그 옆이 게임에서 시점을 설정하는 거예요. 시점을 변경하면 다음과 같이 플레이어가 보이는 것을 볼 수 있어요. 메뉴에서 [Back to game]은 게임으로 다시 돌아가는 거고, [Quit to title]은 메인 화면으로 빠져나가는 거예요. 한번 직접 게임을 해보세요!

Hello world

본격적으로 파이썬을 이용해 마인크래프트를 제어해볼게요. 앞에서 설명한 대로 마인크래프트 게임을 실행해주세요. 그리고 Thony (Simple Mode)를 실행해주세요. 그리고 [코드 6-1]과 같이 입력하고 실행해주세요. 코드 제목 옆에 단축 주소가 있는데, 들어가면 코드를 볼 수 있어요. 실행하면 게임 화면에 Hello world가 뜨는 것을 볼 수 있어요. 1번 줄은 mcpi.minecraft라는 모듈(module)에서 Minecraft 부분을 불러온다는 뜻이에요. 모듈이란 특정 기능을 하는 코드들을 모아놓은 것이라고 생각하면 돼요. 이걸 이해하려면 어려워질 수 있기 때문에 마인크래프트를 제어하기 위한 명령어 위주로 보고 따라해주세요. 마찬가지로 3번 줄은 마인크래프트를 제어하기 위해 준비하는 부분이에요. 그리고 4번 줄에서 마인크래프트로 메시지를 보내고 있어요. 여기서 'Hello world'라고 적었는데, 한번 여러분이 원하는 글자를 적어보세요.

코드 6-1　Hello world(bit.ly/2tsWhjW)

```
1    from mcpi.minecraft import Minecraft
2
3    mc=Minecraft.create()
4    mc.postToChat('Hello world')
```

이번에는 플레이어가 있는 위치를 확인해볼게요. [코드 6-2]와 같이 입력하고 실행해주세요. 실행하면 변수 창에 플레이어의 위치 정보가 pos와 x, y, z 변수에 기록된 걸 볼 수 있어요. 실제로 플레이어의 위치를 갖고 오는 부분은 4번 줄이고, 5번 줄은 그렇게 pos 변수에 넣은 플레이어의 위치를 다시 x, y, z 3개의 변수로 나눠준 거예요. 바로 4번 줄의 getPos 명령어가 플레이어의 위치를 갖고 오는 명령어에요.

코드 6-2 플레이어의 위치 정보 얻기(bit.ly/2MYM5rF)

```
1    from mcpi.minecraft import Minecraft
2
3    mc=Minecraft.create()
4    pos=mc.player.getPos()
5    x, y, z = pos
```

Variables	
Name	Value
Minecraft	<class 'mcpi.minecraft.Minecraft'>
mc	<mcpi.minecraft.Minecraft object at 0x768b9d10>
pos	Vec3(12.7716,3.0,-13.0052)
x	12.7716
y	3.0
z	-13.0052

이번에는 앞에서 플레이어의 위치를 가지고 온 것을 이용해 플레이어의 위치를 옮겨볼게요. [코드 6-3]과 같이 입력하고 실행해주세요. 실행하면 플레이어가 원래 있던 위치에서 하늘 위로 이동했다가 다시 땅으로 떨어지는 것을 볼 수 있어요. 4번 줄을 보면 앞에 [코드 6-2]의 4~5번 줄을 한 줄로 줄인 거예요. 그리고 5번 줄에서 setPos 명령어가 플레이어의 위치를 설정하는 거예요. 한번 x, y, z 말고 여러분이 직접 다른 값을 넣어서 플레이어의 위치를 바꿔보세요.

플레이어의 위치 옮기기(bit.ly/2MYhdrx)

```
1    from mcpi.minecraft import Minecraft
2
3    mc=Minecraft.create()
4    x,y,z=mc.player.getPos()
5    mc.player.setPos(x, y+100, z)
```

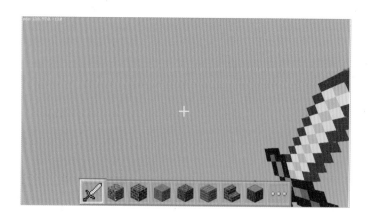

이번에는 플레이어 앞에 블록이 생기도록 해볼게요. [코드 6-4]와 같이 입력하고 실행해주세요. 실행하면 플레이어 앞에 돌 블록이 생성된 것을 볼 수 있어요. 5번 줄의 setBlock 명령어가 해당 좌표에 블록을 생성하는 거예요. setBlock 명령어의 앞 매개변수 3개가 좌표고 마지막이 블록의 아이디 즉, 종류를 입력하는 거예요. 블록에 대한 정보는 [표 6-2]를 참고해주세요. 한번 돌이 아닌 다른 블록을 생성해보세요.

코드 6-4 플레이어 앞에 블록 설정하기(bit.ly/2tqikYQ)

```
1    from mcpi.minecraft import Minecraft
2
3    mc=Minecraft.create()
4    x,y,z=mc.player.getPos()
5    mc.setBlock(x+1, y, z, 1)
```

표 6-2 블록 정보들

타입	아이디	타입	아이디
AIR	0	STONE	1
GRASS	2	DIRT	3
COBBLESTONE	4	WOOD_PLANKS	5
SAPLING	6	BEDROCK	7
WATER	8	WATER_STATIONARY	9
LAVA	10	LAVA_STATIONARY	11
SAND	12	GRAVEL	13
GOLD_ORE	14	IRON_ORE	15
COAL_ORE	16	WOOD	17
LEAVES	18	GLASS	20

LAPIS_LAZULI_ORE	21	LAPIS_LAZULI_BLOCK	22
SANDSTONE	24	BED	26
COBWEB	30	GRASS_TALL	31
WOOL	35	FLOWER_YELLOW	37
FLOWER_CYAN	38	MUSHROOM_BROWN	39
MUSHROOM_RED	40	GOLD_BLOCK	41
IRON_BLOCK	42	STONE_SLAB_DOUBLE	43
STONE_SLAB	44	BRICK_BLOCK	45
TNT	46	BOOKSHELF	47
MOSS_STONE	48	OBSIDIAN	49
TORCH	50	FIRE	51
STAIRS_WOOD	53	CHEST	54
DIAMOND_ORE	56	DIAMOND_BLOCK	57
CRAFTING_TABLE	58	FARMLAND	60
FURNACE_INACTIVE	61	FURNACE_ACTIVE	62
DOOR_WOOD	64	LADDER	65
STAIRS_COBBLESTONE	67	DOOR_IRON	71
REDSTONE_ORE	73	SNOW	78
ICE	79	SNOW_BLOCK	80
CACTUS	81	CLAY	82
SUGAR_CANE	83	FENCE	85
GLOWSTONE_BLOCK	89	BEDROCK_INVISIBLE	95
STONE_BRICK	98	GLASS_PANE	102
MELON	103	FENCE_GATE	107
GLOWING_OBSIDIAN	246	NETHER_REACTOR_CORE	247

이번에는 1개의 블록이 아닌 블록 더미를 만들어볼게요. **[코드 6-5]**와 같이 입력하고 실행해주세요. 실행하면 플레이어 앞에 돌 블록 더미가 생성된 것을 볼 수 있어요. **[코드 6-4]**와 비슷한데, 5번 줄에서 setBlocks를 사용했다는 게 달라요. 정육각형 블록 더미를 생성하기 위해 3차원 좌표 2개가 필요해요. 따라서 setBlocks 매개변수 앞 3개가 첫 번째 좌표, 그다음 매개변수 3개가 두 번째 좌표, 그리고 마지막 매개변수가 블록의 종류예요. 한번 좌표와 블록의 종류를 바꿔서 더미를 생성해보세요.

플레이어 앞에 블록 더미 설정하기(bit.ly/2ts15X3)

```
1    from mcpi.minecraft import Minecraft
2
3    mc=Minecraft.create()
4    x,y,z=mc.player.getPos()
5    mc.setBlocks(x+1, y+1, z+1, x+11, y+11, z+11, 1)
```

꽃길 만들기

이번에는 플레이어가 이동하는 곳을 꽃길로 만들어 볼게요. [코드 6-6]과 같이 입력하고 실행해주세요. 실행하면 지나가는 길에 꽃이 생긴 것을 볼 수 있어요. 앞에 [코드 6-4]와 비슷한데 대신 6번과 9번 줄에서 반복문과 sleep을 사용한 것이 달라요. 2번 줄은 time이라는 모듈에서 sleep 부분을 불러왔어요. sleep은 프로그램을 초 단위로 멈춰주는 명령어예요. 6번 줄을 보면 반복문이 무한 반복하는데, 7~9번 줄을 계속 반복해요. 7번 줄에서 플레이어의 위치 정보를 읽고, 8번 줄에서 그 위치에 꽃(38)을 만들어요. 그리고 9번 줄에서 0.1초 쉬어줘요.

코드 6-6 꽃길 만들기(bit.ly/2MUH6IJ)

```
1    from mcpi.minecraft import Minecraft
2    from time import sleep
3
4    mc=Minecraft.create()
5
6    while True:
7        x, y, z = mc.player.getPos()
8        mc.setBlock(x, y, z, 38)
9        sleep(0.1)
```

앞에서 지나가는 길에 꽃을 만들었는데, 플레이어가 하늘에 있어도 꽃이 생기고 물에 있어도 꽃이 생겨요. 뭔가 자연스럽게 하기 위해 잔디 위에 꽃이 생기도록 해볼게요. [코드 6-7]과 같이 입력하고 실행해주세요. 실행하면 잔디 위에 꽃이 생기는 것을 볼 수 있어요. 만약 잔디가 아닌 곳이라면 잔디가 생기고 그 위에 꽃이 생기는 것을 볼 수 있어요. 8번 줄을 보면 getBlock 명령어로 플레이어 발밑에 블록 아이디 값을 읽어오고 그 값을 block_beneath라는 변수에 넣어요. 그리고 10번 줄에서 block_beneath에 있는 값을 보고 잔디(2)인지 아닌지 확인해요. 잔디가 맞다면 11번 줄에서 플레이어가 있는 곳에 꽃(38)을 만들고, 만약 잔디가 아니라면 13번 줄에서 그 블록을 잔디로 바꿔요. 한번 잔디와 꽃 말고 다른 블록이 생성되도록 해보세요.

코드 6-7 잔디와 함께 꽃길 만들기(bit.ly/2tpQtrM)

```
1    from mcpi.minecraft import Minecraft
2    from time import sleep
3
4    mc=Minecraft.create()
5
6    while True:
7        x, y, z = mc.player.getPos()
8        block_beneath = mc.getBlock(x, y-1, z)
9
10       if block_beneath == 2:
11           mc.setBlock(x, y, z, 38)
12       else:
13           mc.setBlock(x, y-1, z, 2)
14       sleep(0.1)
```

TNT 블록 더미 폭파시키기

이번에는 거대한 TNT 블록 더미를 만든 뒤 폭파시켜 볼 거예요. [코드 6-8]과 같이 입력하고 실행해주세요. 실행하면 플레이어 앞에 거대한 TNT 블록 더미가 생긴 것을 볼 수 있어요. 검이 선택된 상태에서 TNT 블록을 왼쪽 마우스로 클릭해주세요. 그럼 클릭한 TNT 블록이 활성화되어 깜빡깜빡 거리다나머지 TNT 블록과 함께 폭발하는 것을 볼 수 있어요. 우리가 앞에서 했던 [코드 6-5]와 같이 블록 더미를 만들 수 있지만 그렇게 만들면 TNT 블록이 활성화되어 폭발하지 않아요. 5번 줄과 같이 마지막에 매개변수 1을 추가해줘야 해요. 한번 TNT 블록 더미 크기를 바꿔서도 해보세요.

코드 6-8 TNT 블록 더미 폭파시키기(bit.ly/2MWb1Qw)

```
1    from mcpi.minecraft import Minecraft
2
3    mc=Minecraft.create()
4    x,y,z=mc.player.getPos()
5    mc.setBlocks(x+1, y+1, z+1, x+11, y+11, z+11, 46, 1)
```

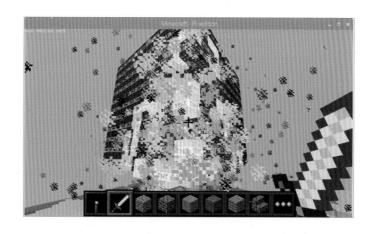

용암 위에 물 붓기

이번에는 하늘 위에서 용암이 흐르도록 하다가 몇 초 뒤 그 위에 물이 흐르도록 해서 돌이 되도록 만들 거예요. [코드 6-9]와 같이 입력하고 실행해주세요. 실행하면 플레이어 앞 허공에서 용암이 20초 정도 흐르다 그 위에 물이 흐르는 것을 볼 수 있어요. 그리고 그 물로 인해 기존에 흐르던 용암이 돌로 변하고 4초 뒤에 물이 멈추는 것을 볼 수 있어요. 이번 코드는 앞에서 우리가 사용했던 setBlock과 sleep을 활용한 것뿐이에요. 한번 좌표와 sleep의 멈추는 시간을 바꿔서 다르게 동작하도록 만들어보세요.

코드 6-9 용암 위에 물 붓기(bit.ly/2ttk4QN)

```
1    from mcpi.minecraft import Minecraft
2    from time import sleep
3
4    mc=Minecraft.create()
5    x,y,z=mc.player.getPos()
6
7    mc.setBlock(x+3, y+3, z, 10)
8    sleep(20)
9    mc.setBlock(x+3, y+5, z, 8)
10   sleep(4)
11   mc.setBlock(x+3, y+5, z, 0)
```

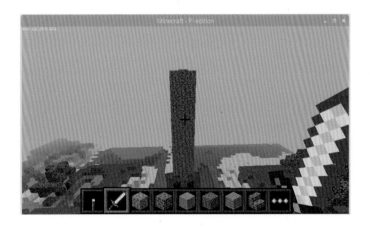

재미있는 마인크래프트 프로젝트들

이번에는 파이썬을 이용해 라즈비안에 있는 마인크래프트를 제어해봤어요. 여러분도 알다시피 마인크래프트는 상당히 인기 있고, 실제로 정말 재미있는 게임이에요. 그래서 마인크래프트와 관련된 재미있는 프로젝트들이 많아요. 마인크래프트와 관련된 재미있는 프로젝트가 무엇이 있는지 살펴볼게요.

01 | VR 마인크래프트(bit.ly/2tthJ8F)

VR 마인크래프트는 마인크래프트를 VR로 즐길 수 있도록 해주는 프로젝트예요. 준비물로 윈도우 PC, VR이 호환되는 스마트폰 또는 오큘러스 리프트(Oculus Rift)나 바이브(Vive) 같은 VR 기기가 필요해요. 그리고 당연히 PC에 마인크래프트가 설치되어 있어야겠죠. 한 번 이 프로젝트처럼 따라 해서 단순히 모니터로 즐기는 것이 아니라 여러분이 직접 마인크래프트 안으로 들어가 보세요.

02 | 마인크래프트 검 컨트롤러(bit.ly/2trkAPm)

마인크래프트 플레이어가 들고 있는 검을 여러분들이 직접 휘둘러보고 싶지 않나요? 휘두르면 모니터 상에 몬스터나 동물이 진짜 공격도 당하고요. 이 프로젝트는 그런 사람들을 위해 마인크래프트 검 컨트롤러를 만드는 방법을 공개해놨어요. ESP8266과 가속도센서를 이용해 검 모양의 컨트롤리를 만들고 그 컨트롤러를 마인크래프트에 연결해 사용해요. 한번 마우스를 이 검으로 바꿔서 몬스터들과 싸워보세요.

03 | 머리 마우스(bit.ly/2tthXMQ)

마인크래프트의 인기는 남녀노소 가리지 않죠. 정말 어린아이들도 마인크래프트를 좋아하는데, 문제는 이런 어린아이들이 손이 작거나 마우스에 익숙하지 않아 마인크래프트를 잘 조종 못하는 경우가 많아요. 이런 이유로 이 프로젝트가 만들어졌어요. 바로 머리를 이용해 마우스를 움직이는 거예요. 앞의 마인크래프트 검 컨트롤러와 같이 가속도센서와 아두이노 LEONARDO를 이용해 만들었어요.

04 | 진짜 횃불(bit.ly/2trmjnO)

마인크래프트에서 어두운 곳에 가면 꼭 필요한 게 바로 횃불이죠. 만약 이 횃불이 내 방을 비쳐주면 어떨까요? 이 프로젝트는 마인크래프트의 실제로 만드는 거예요. 이렇게 마인크래프트의 다양한 아이템이 실제 내 방에 있으면 재미있겠죠. 이 프로젝트를 올린 사람의 페이지(bit.ly/2MZR4rY)에 가면 마인크래프트의 아이템들을 실제로 만드는 다양한 프로젝트들이 공개되어 있어요. 한번 여러분의 방도 마인크래프트 세상으로 만늘어보세요.

PART

07

파이 카메라

이번 장에서는 라즈베리 파이 전용 카메라인 파이 카메라를 사용해봅니다. 파이
카메라를 이용해 고해상도 사진과 동영상을 찍을 수 있습니다. 앞에서 배운 파
이썬을 이용해 파이 카메라를 제어해봅니다.

라즈베리 파이가 다른 윈도우 PC나 맥과 같기 때문에 웹캠을 연결해 사용할 수 있어요. 그런데 라즈베리 파이는 특별히 전용 카메라가 있어요. 바로 파이 카메라(picamera)예요. 라즈베리 파이 보드 위를 보면 CAMERA라는 글자가 적힌 포트가 있어요. 이 포트가 파이 카메라를 연결하는 포트예요. 라즈베리 파이 제로 W의 경우에는 CAMERA라는 글자가 안 적혀있고, 오른쪽에 있어요.

파이 카메라를 이용해 고해상도 사진과 동영상을 찍을 수 있어요. 그리고 사람의 얼굴이나 사물을 인식하는 OpenCV(opencv.org)라는 오픈 소스 라이브러리가 있는데, 이 OpenCV와 파이 카메라를 활용해 재미있는 프로젝트도 할 수 있어요.

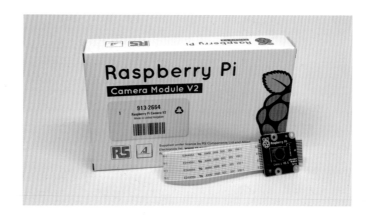

이제 파이 카메라를 라즈베리 파이에 연결해볼게요. 라즈베리 파이 보드 위를 보면 CAMERA라는 글자가 적힌 포트를 볼 수 있어요. 그런데 라즈베리 파이 보드 위를 자세히 보면 이처럼 생긴 포트가 하나 더 있어요. 바로 라즈베리 파이에 LCD를 연결할 때 사용하는 DISPLAY라고 적힌 포트예요. 간혹가다 파이 카메라를 이 DISPLAY 포트에 끼우는 경우가 있기 때문에 꼭 CAMERA 포트가 맞는지 확인해주세요.

파이 카메라를 라즈베리 파이에 연결하려면 케이블이 필요해요. 케이블은 다음과 같이 생겼어요. 한쪽에 동박이 있고, 반대편은 동박이 없어요.

CAMERA 포트 양옆을 잡고 위로 당기면 케이블을 끼울 수 있게 포트가 열려요. 그 상태에서 동박이 있는 부분이 CAMERA라고 적힌 글자가 있는 쪽으로 향하게 끼우고, 다시 양 옆을 잡고 포트를 눌러 잠가주세요. 카메라 케이블 동박이 워낙 약하기 때문에 무리해서 끼우면 절대 안 돼요. 특히 포트가 열려있지 않은 상태에서 끼운다거나 뽑으려 하면 케이블이 바로 망가질 수 있어요.

라즈베리 파이 제로 W는 일반 케이블로 연결할 수 없어요. 다음과 같이 생긴 변환 케이블이 필요해요. 이 케이블은 라즈베리 카메라 제로 W 카메라 키트(www.devicemart.co.kr/1360234)나 라즈베리 파이 카메라 케이스(www.devicemart.co.kr/1382702) 안에 포함되어 있어요.

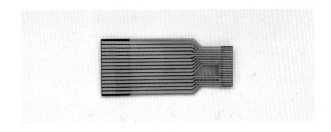

파이 카메라의 포트 양옆을 잡고 당겨 케이블을 분리해주세요.

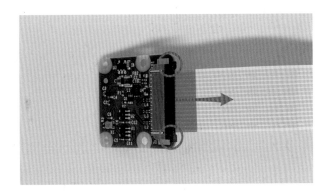

변환 케이블을 다음과 똑같은 방향으로 끼워주세요. 동박 위치 때문에 사진과 똑같이 연결해야 해요.

반대편을 라즈베리 파이 제로 W에 다음과 같이 연결해주세요.

파이 카메라를 라즈베리 파이에 연결했다고 바로 사용할 순 없어요. 라즈비안에서 파이 카메라를 활성화해줘야 해요. [Raspberry Pi Configuration]을 실행해주세요.

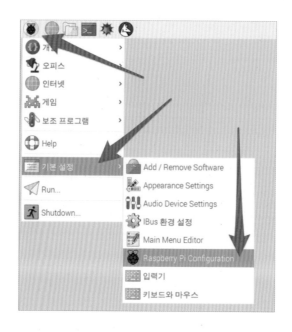

[Interfaces] 탭에서 Camera를 'Enable'로 설정해주세요. 그리고 [OK] 버튼을 눌러주세요. 누르면 영어로 다시 시작할건지 묻는데 [Yes] 버튼을 눌러주세요. 다시 시작하면 파이 카메라가 활성화된 거예요.

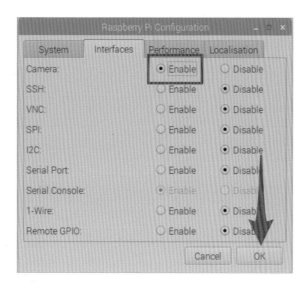

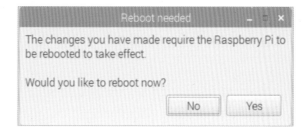

미리 보기

이제 파이 카메라가 잘 되는지 확인해볼게요. [Thony (Simple Mode)]를 실행해주세요. 그리고 [코드 7-1]과 같이 입력하고 실행해주세요. 실행하면 모니터에 카메라 미리 보기가 실행되는 것을 볼 수 있어요. 10초가 지나면 자동으로 종료해요. 1번 줄을 보면 picamera 모듈에서 PiCamera 부분을 불러와요. 그리고 4번 줄에서 PiCamera를 이용해 실제 파이 카메라를 제어하는 걸 초기화해줘요. 그리고 6번 줄에서 start_preview 명령어를 이용해 파이 카메라 미리 보기를 실행해요. 마지막으로 8번 줄에서 stop_preview 명령어를 이용해 파이 카메라 미리 보기를 종료해요.

코드 7-1 미리 보기(bit.ly/2tDi20A)

```
1    from picamera import PiCamera
2    from time import sleep
3
4    camera=PiCamera()
5
6    camera.start_preview()
7    sleep(10)
8    camera.stop_preview()
```

혹시나 미리 보기 화면이 정방향으로 되어 있지 않다면 [코드 7-2]의 6번 줄과 같이 rotation 속성 값을 설정해 화면 각도를 바꿔주세요. rotation에 '0, 90, 180, 270' 값을 넣을 수 있어요.

코드 7-2 미리 보기 – 회전하기(bit.ly/2tyQGsw)

```
1   from picamera import PiCamera
2   from time import sleep
3
4   camera=PiCamera()
5
6   camera.rotation = 180
7   camera.start_preview()
8   sleep(10)
9   camera.stop_preview()
```

미리 보기의 투명도도 설정할 수 있어요. [코드 7-3]의 6번 줄과 같이 start_preview 명령어의 매개변수에 alpha 값을 설정하면 돼요. 0부터 255까지 설정할 수 있어요. 투명도를 설정하고 실행하면 미리보기 화면 뒤에 화면이 비쳐 보이는 것을 볼 수 있어요.

코드 7-3 미리보기 – 투명도(bit.ly/2tCewUa)

```
1   from picamera import PiCamera
2   from time import sleep
3
4   camera=PiCamera()
5
6   camera.start_preview(alpha=200)
7   sleep(10)
8   camera.stop_preview()
```

사진 찍기

이번에는 파이 카메라로 사진을 찍어서 저장하는 것을 해볼게요. 파일로 저장하는 건 [코드 7-4]의 8번 줄과 같이 capture 명령어만 추가하면 돼요. capture 명령어의 매개변수로 저장할 파일 경로가 들어가요. 파이 카메라가 제대로 작동하려면 start_preview 명령어로 미리 보기를 실행한 뒤 2초 정도의 시간이 필요해요. start_preview 명령어 다음에 최소 3초 이상 기다리는 것이 좋아요. 따라서 7번 줄에서 5초 동안 멈춘 거예요. 실행하면 바탕화면에 'image.jpg'라는 이름으로 파일이 저장돼요. 이미지 파일을 더블클릭하면 찍힌 사진을 볼 수 있어요.

코드 7-4 사진 찍어 저장하기(bit.ly/2tAsOES)

```
1    from picamera import PiCamera
2    from time import sleep
3
4    camera=PiCamera()
5
6    camera.start_preview()
7    sleep(5)
8    camera.capture('/home/pi/Desktop/image.jpg')
9    camera.stop_preview()
```

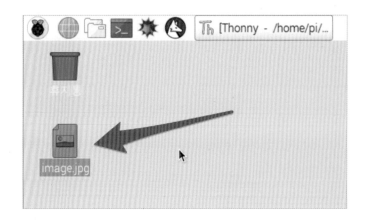

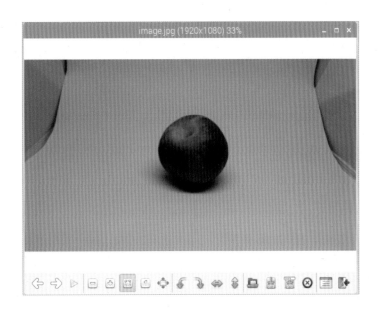

한번 [코드 7-5]도 실행해보세요. 실행하면 5초마다 사진을 한 장씩 찍어 'image0.jpg'부터 'image4. jpg'라는 이름으로 저장해요. [코드 7-4]와의 차이점은 반복문을 사용했다는 것과 9번 줄이 다르다는 거예요. 반복문 안에서 변수 i의 값이 0에서 4로 변하는데, 9번 줄에서 매번 변수 i의 값을 '%s'라고 적힌 부분에 넣어 파일명으로 사용해 저장해요.

코드 7-5 5초마다 순서대로 사진 찍어 저장하기(bit.ly/2tCseGL)

```
1    from picamera import PiCamera
2    from time import   sleep
3
4    camera=PiCamera()
5
6    camera.start_preview()
7    for i in range(0, 5):
8        sleep(5)
9        camera.capture('/home/pi/Desktop/image%s.jpg' % i)
10   camera.stop_preview()
```

동영상 찍기

이제 파이 카메라로 동영상을 찍어볼게요. [코드 7-6]과 같이 실행해주세요. 실행하면 10초짜리 동영
상이 저장돼요. 7번 줄에서 start_recording 명령어로 동영상 촬영을 시작해요. 여기서 start_re-
cording 명령어 매개변수에 저장할 동영상 파일 경로가 들어가요. 그리고 9번 줄에서 stop_record-
ing 명령어를 입력해 동영상 촬영을 멈춰요.

코드 7-6 **동영상 찍어 저장하기**(bit.ly/2tBmH3k)

```
1    from picamera import PiCamera
2    from time import sleep
3
4    camera=PiCamera()
5
6    camera.start_preview()
7    camera.start_recording('/home/pi/video.h264')
8    sleep(10)
9    camera.stop_recording()
10   camera.stop_preview()
```

터미널을 열고 [코드 7-7]과 같이 입력하면 촬영한 동영상을 재생할 수 있어요. 아마 촬영한 시간보다
재생이 빨리 되는 것을 볼 수 있는데, 그건 omxplayer의 재생 프레임레이트가 다르기 때문이에요.

터미널에서 동영상 재생하기

```
omxplayer /home/pi/video.h264
```

효과 적용하기

이번에는 파이 카메라의 설정을 바꾸거나 필터를 설정해볼게요. [코드 7-8]의 6번 줄과 같이 해상도를
설정해요. 그리고 7번 줄과 같이 프레임레이트를 설정해요. 사진의 경우 '2592 x 1944'가 최대 해상
도고, 최대 해상도에서 설정할 수 있는 최대 프레임레이트가 '15'예요. 동영상의 경우는 최대 해상도
가 '1920 x 1080'이에요.

코드 7-8 해상도 및 프레임레이트 설정하기(bit.ly/2tHaMB9)

```
1    from picamera import PiCamera
2    from time import sleep
3
4    camera=PiCamera()
5
6    camera.resolution = (2592, 1944)
7    camera.framerate=15
8    camera.start_preview()
9    sleep(5)
10   camera.stop_preview()
```

사진에 글자도 넣을 수 있어요. [코드 7-9]와 같이 실행하면 사진에 'Hello world!'라는 글자가 들어간
것을 볼 수 있어요. 한번 여러분이 원하는 글자를 넣어보세요.

코드 7-9 사진에 글자 넣기(bit.ly/2IAcUyX)

```
1    from picamera import PiCamera
2    from time import sleep
3
4    camera=PiCamera()
5
6    camera.start_preview()
7    camera.annotate_text = 'Hello world!'
```

```
8    sleep(5)
9    camera.stop_preview()
```

[코드 7-10]과 같이 밝기와 대비도 바꿀 수 있어요. 7번 줄이 밝기, 8번 줄이 대비를 설정하는 거예요. 밝기와 대비 모두 값을 0에서 99까지 설정할 수 있어요. 여러분이 한번 값을 바꿔보세요.

코드 7-10 밝기와 대비 바꾸기(bit.ly/2IwrCXH)

```
1    from picamera import PiCamera
2    from time import sleep
3
4    camera=PiCamera()
5
6    camera.start_preview()
7    camera.brightness = 70
8    camera.contrast = 50
9    sleep(5)
10   camera.stop_preview()
```

사진 속에 넣는 글자도 설정할 수 있어요. [코드 7-11]을 실행하면 사진 속 글자의 크기와 색이 바뀐 것을 볼 수 있어요. 1번 줄에서 PiCamera 뿐만 아니라 Color 부분도 불러와요. 이 Color는 색을 설정할 때 사용해요. 7번 줄에서 글자 크기를 50으로 설정해요. 8번 줄에서 글자의 뒷 배경을 파란색으로 설정해요. Color 매개변수 안에 영어로 파란색인 'blue'를 넣었어요. 9번 줄에서 글자의 색을 노란색으로 설정해요. 마찬가지로 9번 줄 Color 매개변수 안에 영어로 노란색인 'yellow'를 넣었어요.

코드 7-11 사진 속 글자 설정하기(bit.ly/2Kpkzls)

```python
from picamera import PiCamera, Color
from time import sleep

camera=PiCamera()

camera.start_preview()
camera.annotate_text_size = 50
camera.annotate_background=Color('blue')
camera.annotate_foreground=Color('yellow')
camera.annotate_text=' Hello world '
sleep(5)
camera.stop_preview()
```

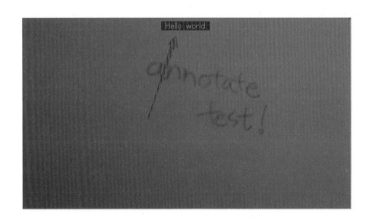

이번에는 사진에 필터 효과를 넣는 것을 해볼게요. [코드 7-12]와 같이 실행해보세요. 실행하면 colorswap 필터가 적용된 것을 볼 수 있어요. 7번 줄이 필터를 적용하는 부분이에요. 7번 줄에서 image_effect 속성을 'colorswap'으로 설정했는데, 'colorswap' 외에도 효과가 많아요. [표 7-1]을 참고해주세요. 기본 필터 효과는 'none' 즉, 아무 효과도 적용되어있지 않는 거예요.

필터 적용하기 – colorswap(bit.ly/2tMhK6O)

```
1    from picamera import PiCamera
2    from time import sleep
3
4    camera=PiCamera()
5
6    camera.start_preview()
7    camera.image_effect = 'colorswap'
8    sleep(5)
9    camera.stop_preview()
```

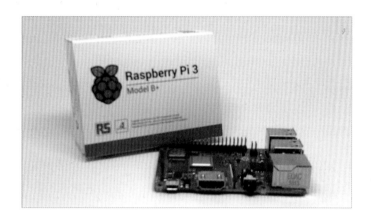

표 7-1 필터 효과 목록

none	negative	solarize	sketch	denoise	emboss
oilpaint	hatch	gpen	pastel	watercolor	film
blur	saturation	colorswap	washedout	posterise	colorpoint
colorbalance	cartoon	deinterlace1	deinterlace2		

[코드 7-13]을 실행하면 위 필터 효과들을 하나씩 확인해볼 수 있어요. 7번 줄에 IMAGE_EFFECTS 가 나오는데, 이 속성 안에 [표 7-1]의 값들이 다 들어있는 거예요. 그리고 반복문을 이용해 각 값을 순서대로 꺼내 변수 effect에 넣고 사용해요. 직접 한번 실행해보세요.

```
1    from picamera import PiCamera
2    from time import sleep
3
4    camera=PiCamera()
5
6    camera.start_preview()
7    for effect in camera.IMAGE_EFFECTS:
8        camera.image_effect = effect
9        camera.annotate_text = 'Effect: %s' % effect
10       sleep(5)
11   camera.stop_preview()
```

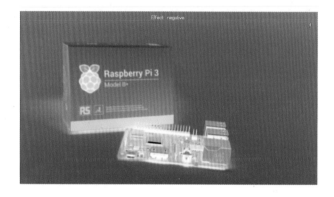

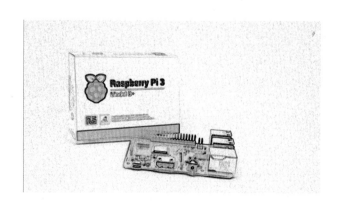

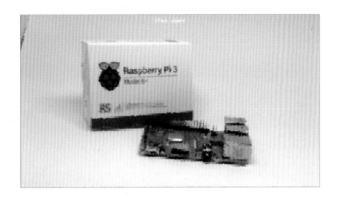

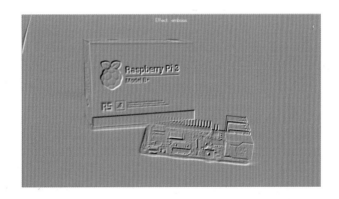

이번에는 자동 화이트 밸런스 모드를 살펴볼 거예요. [코드 7-14]를 실행하면 앞에서 [코드 7-13]처럼 모드 종류를 살펴볼 수 있어요. [표 7-2]를 보면 모드 종류를 볼 수 있어요. 자동 화이트 밸런스 같은 경우 AWB_MODES 속성 안에 [표 7-2]의 값들이 들어있어요. 기본 모드는 'auto'예요. 8번 줄을 보면 awb_mode를 이용해 모드를 설정해요.

코드 7-14 자동 화이트 밸런스 모드 살펴보기(bit.ly/2yScaG0)

```
1   from picamera import PiCamera
2   from time import sleep
3
4   camera=PiCamera()
5
6   camera.start_preview()
7   for mode in camera.AWB_MODES:
8       camera.awb_mode = mode
9       camera.annotate_text = 'Mode: %s' % mode
10      sleep(5)
11  camera.stop_preview()
```

표 7-2 자동 화이트 밸런스 모드 목록

off	auto	sunlight	cloudy	shade	tungsten
fluorescent	incandescent	flash	horizon		

이번에는 노출 모드를 살펴볼게요. [코드 7-15]를 실행하면 노출 모드 종류를 살펴볼 수 있어요. [표 7-3]을 보면 모드 종류를 볼 수 있어요. 노출 같은 경우 EXPOSURE_MODES 속성 안에 [표 7-3]의 값들이 들어있어요. 기본 모드는 'auto'예요. 8번 줄을 보면 exposure_mode를 이용해 모드를 설정해요.

코드 7-15 노출 모드 살펴보기(bit.ly/2tRZ7ib)

```python
1    from picamera import PiCamera
2    from time import sleep
3
4    camera=PiCamera()
5
6    camera.start_preview()
7    for mode in camera.EXPOSURE_MODES:
8        camera.exposure_mode = mode
9        camera.annotate_text = 'Mode: %s' % mode
10       sleep(5)
11   camera.stop_preview()
```

표 7-3 노출 모드 목록

off	auto	night	nightpreview	backlight
spotlight	sports	snow	beach	verylong
fixedfps	antishake	fireworks	horizon	

재미있는 파이 카메라 프로젝트들

이번에는 파이 카메라를 제어하는 것을 해봤어요. 라즈베리 파이 재단 홈페이지에 들어가면
파이 카메라를 이용한 재미있는 프로젝트들이 많이 있어요. 어떤 것들이 있는지 한번 살펴
볼게요.

01 ｜ Push Button Stop Motion(bit.ly/2N49sQG)

이 프로젝트는 라즈베리 파이를 이용해 스톱모션 애니메이션을 만드는 거예요. 라즈베리 파
이에 버튼을 연결해 버튼을 누르면 파이 카메라로 사진을 찍고 그렇게 찍은 사진들을 모아 동
영상으로 바꿔줘요. 한번 여러분의 장난감을 이용해 스톱모션 애니메이션을 만들어보세요.

02 ｜ Minecraft Photobooth(bit.ly/2N8vjGT)

이 프로젝트는 마인크래프트 세계 안에 포토 부스를 만들고, 만약 플레이어가 그 포토 부스
로 들어가면 진짜 현실 속 나의 사진을 찍는 게예요. 따라서 마인크래프트에서 포토 부스로
들어갈 때, 꼭 웃는 것 잊지 마세요!

03 | Tweeting Babbage(bit.ly/2tzZFJQ)

이 프로젝트는 사진을 찍어 자동으로 트위터에 올려주는 곰돌이 인형 트위터 봇을 만드는 거예요. 조금 잔인할 순 있지만, 곰돌이 인형 눈에 파이 카메라를 넣고, 발바닥에 버튼을 연결해요. 만약 사용자가 발바닥을 누르면 눈에 있는 파이 카메라로 사진을 찍고, 그 사진을 사용자의 트위터에 올려줘요.

04 | Parent detector(bit.ly/2N8w42H)

이 프로젝트는 일명 부모 탐지기라는 이름을 가지고 있어요. 누군가 내 방에 들어오면 모션 센서를 이용해 파이 카메라로 녹화하는 거예요. 혹시나 부모님이 나 몰래 내 방에 들어오면 증거가 남아 다 알 수 있겠죠?

PART

08

피지컬 컴퓨팅

이번 장에서는 LED와 버튼을 파이썬을 이용해 제어해봅니다. 파이썬을 이용해
LED가 1초마다 깜빡이게 만들거나, 버튼을 누르면 쉘 창에 버튼이 눌렸다는 메
시지가 뜨도록 해봅니다.

LED 깜빡이기

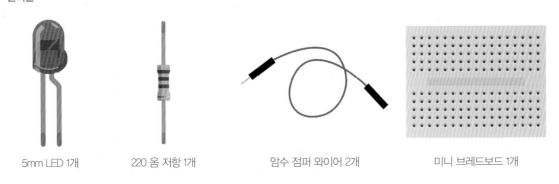

| 5mm LED 1개 | 220 옴 저항 1개 | 암수 점퍼 와이어 2개 | 미니 브레드보드 1개 |

5장에서 스크래치를 이용해 LED와 버튼을 제어해봤어요. 이번 시간에는 파이썬을 이용해 LED와 버튼을 제어할게요. 물론 스크래치를 이용해 제어하는 게 더욱더 쉽지만 파이썬을 이용해서도 쉽게 제어할 수 있어요. 바로 라즈베리 파이의 GPIO를 파이썬으로 쉽게 제어할 수 있도록 해주는 GPIO Zero 라이브러리(bit.ly/2ICJvo1)가 있기 때문이에요. 이 장을 보기 전에 3장과 5장을 꼭 봐주세요.

회로도 8-1 피지컬 컴퓨팅 – LED 깜빡이기(bit.ly/2lcDoOf)

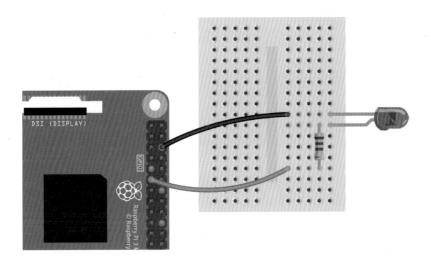

01 라즈베리 파이 GPIO 17 핀에 점퍼 와이어를 연결한 뒤 미니 브레드보드에 꽂아주세요.

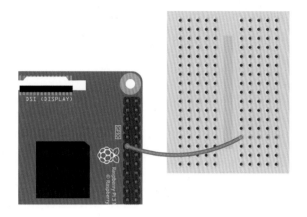

02 저항을 디귿(ㄷ)으로 구부린 뒤 한 쪽을 조금 전 점퍼 와이어를 꽂은 줄에 꽂히도록 해주세요.

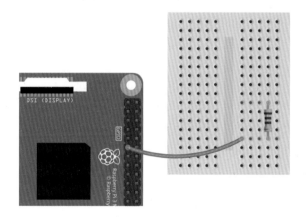

03 점퍼 와이어가 꽂힌 줄 말고 저항의 다른 다리가 꽂힌 줄에 LED의 긴 다리를 꽂아주세요.

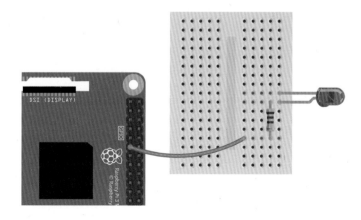

04 라즈베리 파이의 그라운드 핀에 점퍼 와이어를 연결한 뒤 LED의 짧은 다리가 꽂힌 줄에 반대쪽을 꽂아주세요.

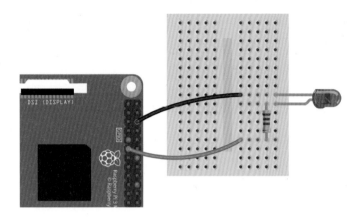

05 완성된 모습이에요.

회로를 다 연결했다면 Thony (Simple Mode)를 실행해주세요. 그리고 [코드 8-1]과 같이 입력하고 실행해주세요. 실행하면 연결된 LED가 1초마다 켜졌다 꺼졌다 반복하는 것을 볼 수 있어요. 1번 줄을 보면 gpiozero 라이브러리에서 LED 부분을 불러와요. 그리고 4번 줄에서 LED를 제어하는 걸 초기화해줘요. 이때 LED를 초기화하는 함수의 매개변수로 우리가 사용할 GPIO 번호인 17번을 넣어줘요. 그리고 7번 줄에서 on 명령어를 이용해 LED를 켜요. 다시 9번 줄에서 off 명령어를 이용해 LED를 꺼줘요. 상당히 간단하죠? 한번 깜빡이는 시간을 바꿔보세요.

```
1    from gpiozero import LED
2    from time import sleep
3
4    led=LED(17)
5
6    while True:
7        led.on()
8        sleep(1)
9        led.off()
10       sleep(1)
```

버튼 제어하기

준비물

준비물 ···

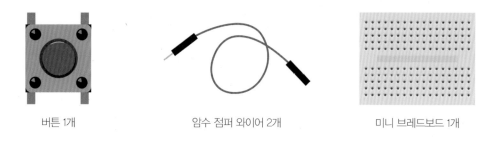

버튼 1개   암수 점퍼 와이어 2개   미니 브레드보드 1개

이번 시간에는 GPIO에 버튼을 연결하고 버튼을 누르는 것을 인식해 쉘 창에 메시지가 표시되도록 해 볼게요.

`회로도 8-2` **버튼 제어하기(bit.ly/2MBpbGw)**

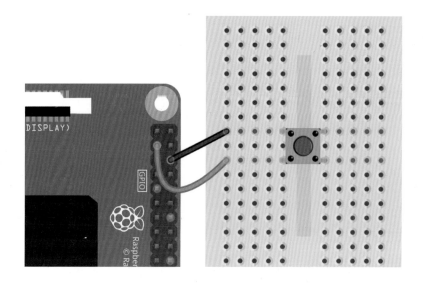

01 라즈베리 파이 GPIO 2 핀에 점퍼 와이어를 연결한 뒤 미니 브레드보드에 꽂아주세요.

02 조금 전 점퍼 와이어를 꽂은 줄에 버튼의 한쪽 다리가 연결되도록 브레드보드 가운데에 버튼을 꽂아주세요.

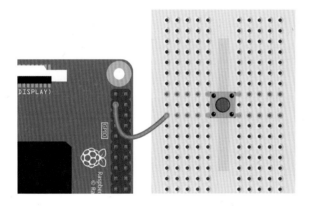

03 라즈베리 파이의 그라운드 핀에 점퍼 와이어를 연결한 뒤 버튼의 한쪽 다리가 꽂힌 줄에 반대쪽을 꽂아주세요.

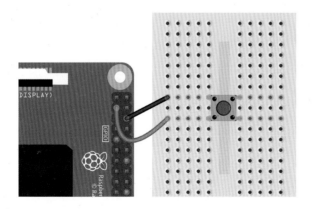

04 완성된 모습이에요.

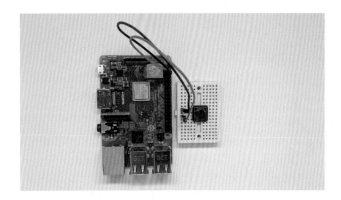

회로를 다 연결했다면 [코드 8-2]와 같이 입력하고 실행해주세요. 실행하면 아무런 반응이 없을 거예요. 그 상태에서 버튼을 눌러보세요. 버튼을 누르면 쉘 창에 'You pushed me'라는 글자가 뜨는 것을 볼 수 있어요. 1번 줄에서 gpiozero 라이브러리에서 Button 부분을 불러와요. 그리고 4번 줄에서 Button을 제어하는 걸 초기화해줘요. 이때 Button을 초기화하는 함수의 매개변수로 우리가 사용할 GPIO 번호인 2번을 넣어줘요. 그리고 6번의 wait_for_press 명령어가 버튼이 눌릴 때까지 기다린다는 뜻이에요. 버튼이 눌려야 그다음 7번 줄이 실행되죠. 한번 출력되는 글자를 바꿔보세요.

코드 8-2 버튼 제어하기(bit.ly/2KxI0ZZ)

```
1    from gpiozero import Button
2    from time import sleep
3
4    button=Button(2)
5
6    button.wait_for_press()
7    print('You pushed me')
```

LED와 버튼 함께 사용하기

준비물

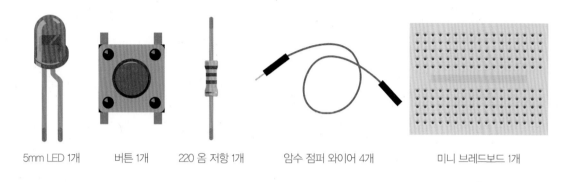

| 5mm LED 1개 | 버튼 1개 | 220 옴 저항 1개 | 암수 점퍼 와이어 4개 | 미니 브레드보드 1개 |

이번 시간에는 LED와 버튼을 같이 사용해볼게요. 버튼을 누를 때마다 LED의 상태가 켜졌다 꺼졌다 바뀐다거나, 아니면 버튼을 누르고 있을 때 LED가 켜지고 떼면 LED가 꺼지도록 해볼게요.

회로도 8-3 버튼을 눌러 LED 토글하기(bit.ly/2IDiMHF)

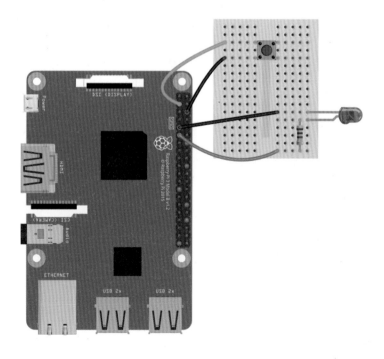

01 라즈베리 파이 GPIO 17 핀에 점퍼 와이어를 연결한 뒤 미니 브레드보드에 꽂아주세요.

02 저항을 디귿(ㄷ)으로 구부린 뒤 한쪽을 조금 전 점퍼 와이어를 꽂은 줄에 꽂히도록 해주세요.

03 점퍼 와이어가 꽂힌 줄 말고 저항의 다른 다리가 꽂힌 줄에 LED의 긴 다리를 꽂아주세요.

04 라즈베리 파이의 그라운드 핀에 점퍼 와이어를 연결한 뒤 LED의 짧은 다리가 꽂힌 줄에 반대쪽 을 꽂아주세요.

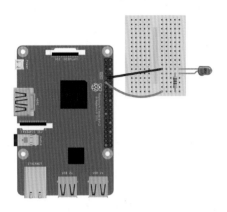

05 라즈베리 파이의 그라운드 핀에 점퍼 와이어를 연결한 뒤 미니 브레드보드에 꽂아주세요.

06 조금 전 점퍼 와이어를 꽂은 줄에 버튼의 한쪽 다리가 연결되도록 브레드보드 가운데에 버튼을 꽂아주세요.

07 라즈베리 파이 GPIO 2 핀에 점퍼 와이어를 연결한 뒤 버튼의 한쪽 다리가 꽂힌 줄에 반대쪽을 꽂아주세요.

08 완성된 모습이에요.

회로를 다 연결했다면 [코드 8-3]과 같이 입력하고 실행해주세요. 실행하고 버튼을 한 번 누르면 켜지고, 다시 누르면 꺼지는 것을 볼 수 있어요. 이렇게 상태를 현재의 반대 상태로 바꾸는 것을 토글 (toggle)이라고 해요. 9번 줄에서 toggle 명령어를 이용해 LED의 상태를 바꿔줘요.

코드 8-3 LED와 버튼 제어하기 – LED 토글하기(bit.ly/2Kx5UVp)

```
1    from gpiozero import LED, Button
2    from time import sleep
3
4    led=LED(17)
```

```
 5    button=Button(2)
 6
 7    while True:
 8        button.wait_for_press()
 9        led.toggle()
10        sleep(0.5)
```

이번에는 [코드 8-4]를 실행해보세요. 실행하고 버튼을 누르고 있으면 LED가 켜지고, 버튼을 떼면 LED가 꺼지는 것을 볼 수 있어요. 2번 줄에서 signal 모듈에서 pause 부분을 불러와요. 이 pause 는 10번 줄에서 사용되는데, 버튼 이벤트를 사용하기 위해 있다는 것만 알아주세요. pause 명령어를 사용하면 프로그램이 바로 종료하지 않고, 다른 이벤트가 발생할 때 실행될 수 있도록 기다려요. 7번 줄이 버튼이 눌릴 때(when_pressed) LED의 on 명령어가 실행되도록 설정한 거예요. 그리고 8번 줄이 버튼이 떼어질 때(when_released) LED의 off 명령어가 실행되도록 설정한 거예요.

코드 8-4 LED와 버튼 제어하기 – 버튼 이벤트 사용하기(bit.ly/2KwjyrP)

```
 1    from gpiozero import LED, Button
 2    from signal import pause
 3
 4    led=LED(17)
 5    button=Button(2)
 6
 7    button.when_pressed = led.on
 8    button.when_released = led.off
 9
10    pause()
```

GPIO Zero의 더욱더 다양한 기능들

이번에는 파이썬을 이용해 LED와 버튼을 제어하는 것을 해봤어요. 그리고 라즈베리 파이의 GPIO를 파이썬으로 제어할 수 있게 해주는 GPIO Zero 라이브러리를 사용했어요. 그런데 GPIO Zero 라이브러리에 이번 시간 우리가 본 기능들 외에 더욱더 다양한 기능들이 있어요. 어떤 기능들이 있는지 살펴볼게요.

01 ┃ 피에조 스피커 사용하기(bit.ly/2KBUOOM)

GPIO Zero 라이브러리를 이용해 피에조 스피커(Buzzer)를 제어할 수 있어요. 피에조 스피커를 GPIO 17 핀에 연결하고 [코드 8-5]를 실행해보세요. 실행하면 피에조 스피커의 소리가 1초마다 켜졌다 꺼졌다를 반복하는 걸 볼 수 있어요. 1번 줄을 보면 gpiozero 모듈에서 Buzzer 부분을 불러와요. 4번 줄에서 Buzzer를 제어하는 걸 초기화해요. 이때 매개변수로 피에조 스피커가 연결된 GPIO 번호인 17번을 넣어요. 7번 줄에서 on 명령어로 피에조 스피커를 켜고, 9번 줄에서 off 명령어로 피에조 스피커를 꺼요. 아니면 [코드 8-6]의 7번 줄과 같이 beep 명령어를 이용해 제어할 수도 있어요.

코드 8-5 피에조 스피커 사용하기 – 소리 켰다 끄기(bit.ly/2KxPc8x)

```
1    from gpiozero import Buzzer
2    from time import sleep
3
4    buzzer=Buzzer(17)
5
6    while True:
7        buzzer.on()
8        sleep(1)
9        buzzer.off()
10       sleep(1)
```

코드 8-6 피에조 스피커 사용하기 – beep 명령어(bit.ly/2KxPvjH)

```
1    from gpiozero import Buzzer
2    from time import sleep
3
4    buzzer=Buzzer(17)
5
6    while True:
7        buzzer.beep()
```

02 | 모션 센서 사용하기(bit.ly/2lCAxaj)

GPIO Zero 라이브러리를 이용해 모션 센서(PIR 센서)를 제어할 수 있어요. 모션 센서를
GPIO 4 핀에 연결하고 [코드 8-7]을 실행해보세요. 실행하고 모션 센서에서 움직임이 감지되
면 쉘 창에 'You moved'라는 글자가 찍혀요. 1번 줄을 보면 gpiozero 모듈에서 Motion-
Sensor 부분을 불러와요. 3번 줄에서 MotionSensor를 제어하는 걸 초기화해요. 이때 매
개변수로 모션 센서가 연결된 GPIO 번호인 4번을 넣어요. 6번 줄에서 wait_for_motion
명령어를 실행하면 모션 센서가 움직임을 감지할 때까지 기다려요. 만약 움직임이 감지되면
6번 줄 다음인 7번 줄이 실행돼요. 그리고 8번 줄에서 wait_for_no_motion 명령어를 이용
해 모션 센서를 꺼줘요.

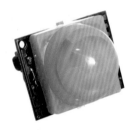

코드 8-7 모션 센서 사용하기(bit.ly/2Kx62nl)

```
1    from gpiozero import MotionSensor
2
3    pir=MotionSensor(4)
4
5    while True:
6        pir.wait_for_motion()
7        print('You moved')
8        pir.wait_for_no_motion()
```

PART

09

Sense HAT

이번 장에서는 Sense HAT을 라즈베리 파이에 연결해 제어해봅니다. Sense HAT에 글자를 표시하거나 그림 그리는 것을 해봅니다. 그리고 Sense HAT에 있는 다양한 센서와 조이스틱도 사용해봅니다.

Sense HAT 소개

Sense HAT은 라즈베리 파이 위에 끼울 수 있는 보드예요. 원래 Sense HAT은 Astro Pi(astro-pi.org) 때문에 만들어졌어요. Astro Pi는 2014년 12월에 영국 우주국(UK Space Agency)에서 시작한 프로젝트예요. 매년 1월마다 영국의 학생들을 대상으로 Astro Pi 대회를 개최해요. 이 대회에서 우승한 팀의 작품은 특별히 세계 우주 정거장(International Space Station)에서 작동되고, 거기서 얻는 정보를 다시 지구에 있는 우승팀에 전달해요. 이와 같은 목표를 위해 라즈베리 파이로 학생들이 손쉽게 프로젝트를 할 수 있도록 만든 게 Sense HAT이에요.

Sense HAT은 다양한 기능을 가지고 있어요. 먼저 LED 매트릭스가 있어 글사나 그림을 표시할 수 있어요. 그리고 온/습도, 기압, 모션 센서가 있어 주위 환경에 대한 다양한 정보를 얻을 수 있어요. 이번 시간에 파이썬을 이용해 Sense HAT을 제어할게요.

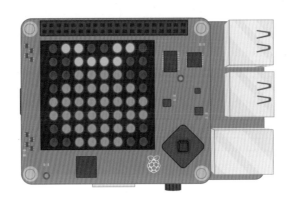

Sense HAT 연결하기

이제 Sense HAT을 라즈베리 파이에 연결해볼게요. 라즈베리 파이 3의 경우 다음과 같이 생긴 안테나가 있어요. 그런데 이 안테나 근처에 금속성 부품이 가까이 있으면 노이즈가 발생할 수 있어요. 바로 Sense HAT을 고정할 때 금속 너트와 나사를 사용하면 안테나에 노이즈를 발생시킬 수 있어요. 그래서 될 수 있는 대로 나일론 재질의 나사와 너트를 사용하는 것이 좋아요. 최근에 구매한 Sense HAT이라면 아마 나일론 재질의 나사와 너트가 들어있을 거예요. 나사와 너트가 준비됐다면 다음 순서대로 따라 해주세요.

01 라즈베리 파이 보드 가장자리에 나사를 끼워주세요.

02 나사를 끼운 반대편에 너트를 끼워주세요.

03 나머지 다른 구멍도 모두 똑같이 나사와 너트를 끼워주세요.

04 Sense HAT을 핀 헤더의 방향에 맞춰 끼워주세요.

05 너트의 반대편을 나사로 조여 고정시켜주세요.

글자 표시하기

이제 Sense HAT에 글자를 표시해볼 거예요. Thony (Simple Mode)를 열고 [코드 3-1]과 같이 실행해주세요. 실행하면 LED 매트릭스에 'Hello world' 글자가 옆으로 이동하며 보이는 것을 볼 수 있어요. 1번 줄을 보면 sense_hat 모듈에서 SenseHat 부분을 불러와요. 그리고 3번 줄에서 Sense-Hat을 사용하는 부분을 초기화해줘요. 그리고 4번 줄에서 show_message 명령어를 이용해 'Hello world' 글자를 LED 매트릭스에 표시해요. 한번 여러분이 원하는 글자로 바꿔보세요.

코드 9-1 Hello world(bit.ly/2KD4hp6)

```
1    from sense_hat import SenseHat
2
3    sense=SenseHat()
4    sense.show_message('Hello world')
```

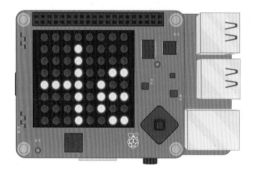

혹시나 Sense HAT이 없어 못 따라 하고 있나요? Sense HAT이 없더라도 얼마든지 따라할 수 있어요. 라즈비안 툴바 메인 메뉴에서 [개발] - [Sense HAT Emulator]를 클릭해주세요. 클릭하면 Sense HAT Emulator가 실행돼요. Sense HAT이 없더라도 이 에뮬레이터를 이용해 가상으로 Sense HAT을 사용할 수 있어요. 대신 코드를 수정해야 해요. [코드 9-1]의 1번 줄에 해당하는 부분을 [코드 9-2]와 같이 바꿔야 Sense HAT 에뮬레이터가 동작해요.

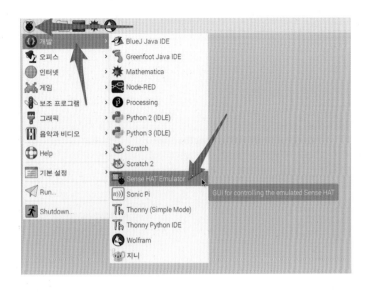

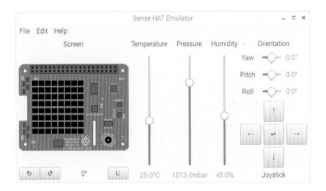

코드 9-2 Sense HAT 에뮬레이터 사용하기

```
from sense_emu import SenseHat
```

만약 라즈베리 파이조차 없더라도 Sense HAT을 사용할 수 있어요. trinket에서 제공하는 Sense HAT 에뮬레이터(trinket.io/sense-hat)가 있어 웹 브라우저를 통해 Sense HAT을 개발할 수 있어요.

이번에는 Sense HAT의 글자에 설정을 바꿔볼게요. 표시되는 글자색과 배경색 그리고 표시되는 속도를 설정할 수 있어요. [코드 9-3]을 실행해보세요. 실행하면 배경색은 파랑, 글자색은 노랑으로 바뀌고, 글자가 표시되는 속도가 빨라진 것을 볼 수 있어요. 5~6번은 색을 설정하기 위해 blue와 yellow라는 변수를 선언한 거예요. 5번 줄 뒤를 보면 소괄호 안에 값이 3개 있어요. 이건 파이썬에서 튜플(tuple)이라고 하는데, 다소 어려울 수 있으니 여기서는 그냥 많은 정보를 한 번에 담고 있는 것이라고 이해해주세요.

코드 9-3 글자 표시되는 것 설정 바꾸기(bit.ly/2IIxyNt)

```
1   from sense_hat import SenseHat
2
3   sense=SenseHat()
4
5   blue=(0, 0, 255)
6   yellow=(255, 255, 0)
7
8   while True:
9     sense.show_message('Astro Pi is awesome!', text_colour=yellow,
    back_colour=blue, scroll_speed=0.05)
```

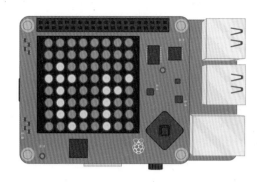

5~6번의 변수들이 갖고 있는 정보는 색에 대한 정보예요. 컴퓨터에서 RGB 즉 빨강(R : Red), 초록 (G : Green), 파랑(B : Blue)으로 색에 대한 정보를 표시하는데, 아마 컴퓨터에서 이와 같이 표시한 걸 많이 봤을 거예요. 각 색은 0에서 255까지 값을 가질 수 있고, 특정 색의 값이 다른 색의 값보나 크 다면 그 특정 색이 더 강하게 표시돼요. 5번 줄은 blue, 즉 파란색으로 R, G에 해당하는 값은 0으로 하고 B의 값만 255인 가장 큰 값을 설정했어요. 6번 줄은 yellow, 즉 노란색으로 R, G의 값을 최대 로 하고 B의 값을 0으로 해서 노란색이 나오도록 만들었어요. 이렇게 설정한 값들을 9번 줄에서 사용 해요. 그냥 show_message를 한 번 실행하면 메시지가 한 번만 표시되고 더 이상 표시되지 않는데 반복문 안에 넣어서 계속 표시되도록 해두었어요. 그리고 글자색은 text_colour 속성을 yellow로 설 정하고 배경색은 back_colour 속성을 blue로 설정해 바꿔줘요. 원래 글자가 표시되는 시간은 한 글 자당 대략 0.1초인데, scroll_speed 속성을 이용해 0.05초에 한 글자가 표시되도록 설정했어요. 한 번 여러분이 속성을 다르게 바꿔보세요.

이번에는 LED 매트릭스에 한 글자만 표시되도록 할게요. [코드 9-4]와 같이 실행해주세요. 그럼 화면 에 'N'이 표시됐다가 3초 뒤에 빨강색 'R'이 표시되는 것을 볼 수 있어요. 글자를 표시하는 명령어는

8번 줄에 사용된 show_letter예요. 그냥 글자만 넣으면 글자를 표시하고, 10번 줄과 같이 두 번째 매개변수에 색에 대한 정보를 입력하면 글자색도 바꿀 수 있어요.

코드 9-4 한 글자만 표시하기(bit.ly/2IKVSya)

```
1    from sense_hat import SenseHat
2    from time import sleep
3
4    sense=SenseHat()
5
6    red=(255, 0, 0)
7
8    sense.show_letter('N')
9    sleep(3)
10   sense.show_letter('R', red)
```

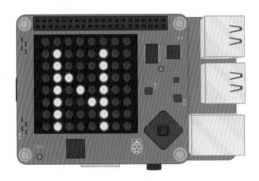

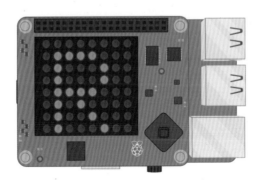

그림 그리기

이번에는 LED 매트릭스에 그림 그리는 걸 해볼게요. [코드 9-5]를 실행해주세요. 실행하면 화면의 색이 하얀색으로 바뀌는 것을 볼 수 있어요. 7번 줄의 clear 명령어가 화면의 색을 바꾸는 명령어예요. 매개변수로 들어가는 색의 정보대로 LED 매트릭스의 전체 색을 바꿔요.

코드 9-5 전체 색 바꾸기(bit.ly/2KBswUO)

```
1    from sense_hat import SenseHat
2
3    sense=SenseHat()
4
5    color=(255, 255, 255)
6
7    sense.clear(color)
```

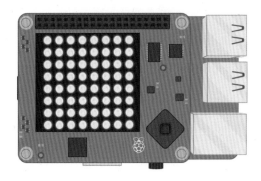

이번에는 픽셀을 이용해 그림 그리는 걸 해볼게요. [코드 9-6]을 실행해주세요. 실행하면 다음과 같이 파란색 점과 빨간색 점이 표시된 것을 볼 수 있어요. 8~9번 줄의 set_pixel이 LCD 매트릭스에서 한 픽셀의 색을 설정하는 명령어예요. 앞에 2개 매개변수가 픽셀의 좌표고, 세 번째 매개변수가 그 픽셀의 색 정보예요.

픽셀 이용해 그림 그리기(bit.ly/2II0PaV)

```python
from sense_hat import SenseHat

sense=SenseHat()

blue=(0, 0, 255)
red=(255, 0, 0)

sense.set_pixel(0, 2, blue)
sense.set_pixel(7, 4, red)
```

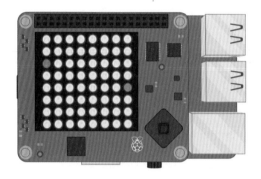

LED 매트릭스를 보면 8 x 8 사이즈로 되어 있어요. 이걸 XY 좌표 기준으로 보면 다음과 같아요. 가장 왼쪽 위 픽셀이 (0, 0)이 되고, 오른쪽으로 갈수록 X가 커지고 아래로 내려갈수록 Y가 커져요. set_pixel 명령어의 첫 번째 매개변수가 X 좌표, 두 번째 매개변수가 Y 좌표예요. 따라서 8번은 (0, 2) 위치에, 9번은 (7, 4) 위치를 뜻해요.

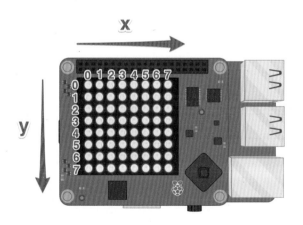

이번에는 여러 픽셀을 한 번에 설정해볼게요. [코드 9-7]을 실행해주세요. 실행하면 마인크래프트에 나오는 크리퍼 그림이 LED 매트릭스에 표시되는 것을 볼 수 있어요. 8번 줄에서 변수를 여러 개 사용한 걸 볼 수 있는데, 이렇게 한 변수에 여러 값을 넣는 걸 배열이라고 해요. 여기서는 그냥 배열을 사용했다는 것만 알고 넘어가 주세요. LED 매트릭스의 픽셀 개수가 8 x 8, 즉 64이기 때문에 크기가 64인 배열로 각 픽셀의 색 정보를 담았어요. 그리고 19번 줄에서 set_pixels 명령어와 배열 변수인 creeper_pixels를 이용해 한 번에 여러 픽셀을 설정해요. 한번 픽셀들의 정보를 다르게 해서 여러분만의 그림을 그려보세요.

코드 9-7 한 번에 여러 픽셀 설정하기(bit.ly/2tM8v7u)

```
1    from sense_hat import SenseHat
2
3    sense=SenseHat()
4
5    g = (0, 255, 0)
6    b = (0, 0, 0)
7
8    creeper_pixels = [
9        g, g, g, g, g, g, g, g,
10       g, g, g, g, g, g, g, g,
11       g, b, b, g, g, b, b, g,
12       g, b, b, g, g, b, b, g,
13       g, g, g, b, b, g, g, g,
14       g, g, b, b, b, b, g, g,
15       g, g, b, b, b, b, g, g,
16       g, g, b, g, g, b, g, g
17   ]
18
19   sense.set_pixels(creeper_pixels)
```

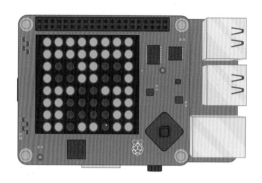

참고로 LED 매트릭스 방향을 바꾸거나 수평 또는 수직으로 화면을 반전시킬 수 있어요. [코드 9-8]을 실행해보세요. 실행하면 글자 R이 한 바퀴 돌고 나서 수평으로 반전됐다가 수직으로 반전되는 것을 볼 수 있어요. 8번 줄의 set_rotation 명령어가 LED 매트릭스 화면을 회전시키는 명령어예요. 각도는 0, 90, 180, 270으로 설정할 수 있어요. 그리고 16번 줄의 flip_h가 화면을 수평으로 반전시키는 명령어고, 20번 줄의 flip_v가 화면을 수직으로 반전시키는 명령어예요.

코드 9-8 LED 매트릭스 방향 바꾸기(bit.ly/2tJOD6K)

```
1    from sense_hat import SenseHat
2    from time import sleep
3
4    sense=SenseHat()
5
6    sense.show_letter('R')
7    sleep(1)
8    sense.set_rotation(90)
9    sleep(1)
10   sense.set_rotation(180)
11   sleep(1)
12   sense.set_rotation(270)
13   sleep(1)
14   sense.set_rotation(0)
15   sleep(1)
16   sense.flip_h()
17   sleep(1)
18   sense.flip_h()
```

```
19    sleep(1)
20    sense.flip_v()
21    sleep(1)
22    sense.flip_v()
```

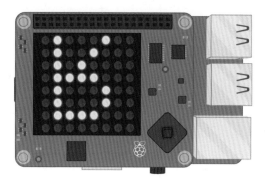

센서 사용하기

이번에는 Sense HAT에 있는 센서를 사용해볼게요. **[코드 9-9]**를 실행해주세요. 실행하면 쉘 창에 온도, 습도 그리고 기압이 표시되는 것을 볼 수 있어요. 5번 줄의 get_temperature가 온도, 9번 줄의 get_humidity가 습도 그리고 13번 줄의 get_pressure가 기압 정보를 갖고 오는 명령어예요. 온도는 섭씨로 되어 있고, 습도는 퍼센트(%)예요. 그리고 기압은 밀리바(mb) 단위예요.

코드 9-9 센서 사용하기(bit.ly/2Nbyf5k)

```
1    from sense_hat import SenseHat
2
3    sense=SenseHat()
4
5    t = sense.get_temperature()
6    print('Temperature')
7    print(t)
8
9    h = sense.get_humidity()
10   print('Humidity')
11   print(h)
12
13   p = sense.get_pressure()
14   print('Pressure')
15   print(p)
```

```
Shell
Python 3.5.3 (/usr/bi...
>>> %Run code_9_9.py

Temperature
32.66616439819336
Humidity
64.74979400634766
Pressure
0

>>>
```

이번에는 Sense HAT에 있는 모션 센서를 사용해볼게요. 먼저 드론에서 많이 사용되는 Pitch, Roll, Yaw 정보를 사용하는 걸 해볼게요. [코드 9-10]을 실행해주세요. 실행하면 쉘 창에 Pitch, Roll, Yaw 값이 찍히는 것을 볼 수 있어요. 7번 줄의 get_orientation이 Pitch, Roll, Yaw에 대한 정보를 불러오는 명령어예요. 그리고 그렇게 불러온 정보를 변수 o에 저장해요. 그리고 8~10번 줄에서 o 안에 있는 각 정보를 불러와서 pitch, roll, yaw 변수에 넣어요. 8~10번 줄을 보면 대괄호 안에 글자를 넣었는데, 여기서는 그냥 글자에 해당하는 정보를 갖고 온다 정도로 이해해주세요. 그리고 11번 줄에서 pitch, roll, yaw 변수들의 값을 이용해 쉘 창에 표시해요. 여기서도 다소 복잡한 구조의 글자를 사용하는데, pitch, roll, yaw의 값이 순서대로 {0}, {1}, {2} 부분에 들어간다 정도로만 이해해주세요.

코드 9-10 Pitch, Roll, Yaw 정보 얻기(bit.ly/2ILSMu4)

```
1   from sense_hat import SenseHat
2   from time import sleep
3
4   sense=SenseHat()
5
6   while True:
7     o = sense.get_orientation()
8     pitch = o['pitch']
9     roll = o['roll']
10    yaw = o['yaw']
11    print('pitch {0} roll {1} yaw {2}'.format(pitch, roll, yaw))
12    sleep(0.1)
```

Shell

```
pitch 1.6963442033904737 roll 37.3060314301499 yaw 100.97374313204772
pitch 8.609251958220558 roll 36.12532814287183 yaw 189.62412768256348
pitch 13.861793788460007 roll 33.22030183979825 yaw 189.97521306628047
pitch 15.718937591712107 roll 30.95955362075364 yaw 189.71287916063864
pitch 14.021434092383423 roll 23.706534759982077 yaw 185.83006688164812
pitch 10.851069454206836 roll 16.31868967254176 yaw 183.62170279844293
pitch 5.520840198574014 roll 8.7899659570544 yaw 181.27658466767573
pitch 0.6590165116799396 roll 4.081130663523237 yaw 180.15203500196816
pitch 355.3989578981763 roll 0.3277831261464391 yaw 179.24951748333368
pitch 352.40117378419257 roll 359.6617460337734 yaw 179.12087770050564
```

Picth, Roll, Yaw 정보뿐만 아니라 가속도 센서의 정보도 사용할 수 있어요. [코드 9-11]을 실행해주세요. 실행하면 셀 창에 가속도 X, Y, Z 정보가 표시되는 것을 볼 수 있어요. 구조는 앞에 [코드 9-10]과 유사해요. 단지 정보를 불러올 때 7번 줄에서 get_accelerometer_raw 명령어가 사용됐다는 게 달라요.

코드 9-11 가속도 정보 얻기(bit.ly/2KCYhgj)

```
1    from sense_hat import SenseHat
2    from time import sleep
3
4    sense=SenseHat()
5
6    while True:
7      a = sense.get_accelerometer_raw()
8      x = a['x']
9      y = a['y']
10     z = a['z']
11     print('x {0} y {1} z {2}'.format(x, y, z))
12     sleep(0.1)
```

```
Sholl
x -0.1700000001001004 y 0.0479020719024402 z 0.704241704040407
x -0.3645762503147125 y 0.5120495557785034 z 0.7345023155212402
x -0.49613964557647705 y 0.3238852918148041 z 0.7674013376235962
x -0.5237852334976196 y 0.06919588893651962 z 0.7759307622909546
x -0.43615859746932983 y -0.004342066124081612 z 0.924342155456543
x -0.2734939157962799 y -0.03232427313923836 z 0.9311656951904297
x -0.17895585298538208 y -0.1758536845445633 z 1.0522829294204712
x -0.09083551913499832 y -0.17127038538455963 z 0.9777117371559143
x -0.044183582067489624 y -0.15221354365348816 z 1.0257201194763184
x -0.010120261460542679 y -0.10879287868738174 z 1.0900559425354004
```

이번에는 Sense HAT에 있는 조이스틱을 사용해볼게요. [코드 9-12]를 실행해주세요. 실행하고 조이스틱을 움직이면 LED 매트릭스에 글자가 뜨는 것을 볼 수 있어요. 아래는 D, 위는 U, 왼쪽은 L, 오른쪽은 R 그리고 가운데 버튼을 누르면 M이 떠요. 에뮬레이터의 경우 키보드 방향키와 엔터키를 사용하면 돼요. 7번 줄의 get_events 명령어가 조이스틱의 이벤트 정보를 받아오는 거예요. 그리고 여러 이벤트 정보를 for문을 통해 반복하면서 event 변수에 넣고 사용해요. 8번 줄에서는 꺼낸 event의 action이 'pressed', 즉 눌렀을 때 발생하는 이벤트인지 확인해요. 참고로 'pressed'는 눌렀을 때 발생하는 이벤트고, 반대로 뗄 때 발생하는 이벤트가 'released'예요. 만약 눌렀을 때 발생하는 이벤트가 맞다면 9~17번 줄이 실행돼요. 여기서 direction, 즉 눌린 키가 위(up)인지 아래(down)인지 왼쪽(left)인지 오른쪽(right)인지 아니면 가운데(middle)인지 확인해요. 만약 맞다면 해당되는 글자를 표시해요.

코드 9-12 조이스틱 사용하기(bit.ly/2KCkvio)

```
1    from sense_hat import SenseHat
2    from time import sleep
3
4    sense=SenseHat()
5
6    while True:
7      for event in sense.stick.get_events():
8        if event.action == 'pressed':
9          if event.direction == 'up':
10           sense.show_letter('U')
11         elif event.direction == 'down':
12           sense.show_letter('D')
13         elif event.direction == 'left':
14           sense.show_letter('L')
15         elif event.direction == 'right':
16           sense.show_letter('R')
17         elif event.direction == 'middle':
18           sense.show_letter('M')
```

```
19
20          sleep(0.5)
21          sense.clear()
```

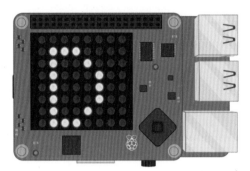

스크래치로 Sense HAT 제어하기

이번에는 파이썬을 이용해 Sense HAT을 제어하는 것을 해봤어요. 파이썬이 아직 익숙하지 않은 사람이라면 좀 어려웠을지도 몰라요. 이런 분들을 위해 Sense HAT을 제어하는 보다 쉬운 방법을 알려드릴게요. 바로 앞에서 배웠던 스크래치를 이용해 Sense HAT을 제어할 수 있어요. 다음 순서대로 따라 해주세요.

01 라즈비안 메뉴에서 [개발] – [Scratch 2]를 클릭해주세요.

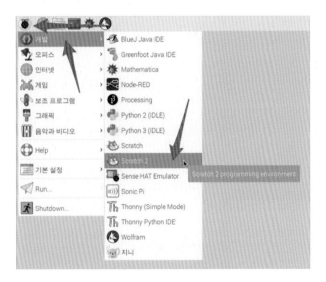

02 [스크립트] 탭 쪽에서 [추가 블록]을 클릭해주세요. 그리고 [확장 프로그램 추가] 버튼을
클릭해주세요.

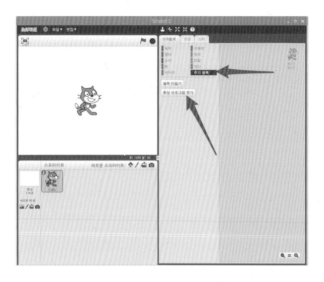

03 클릭하면 다음과 같이 목록이 표시돼요. 이 중 'Pi SenseHAT'을 선택해주세요. 선택
하면 Pi SenseHAT 블록들이 추가된 것을 볼 수 있어요.

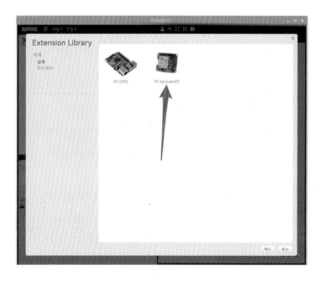

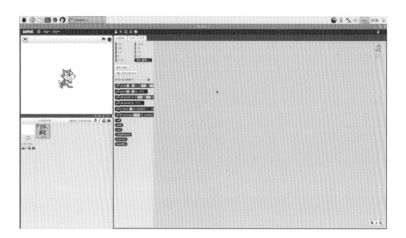

블록 종류는 다음과 같아요. 한번 Sense HAT을 연결하고 각 블록들을 하나씩 실행해보세요.

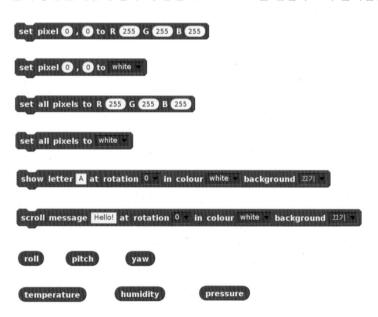

PART

micro:bit

이번 장에서는 micro:bit를 라즈베리 파이에 연결해 제어해보고 파이썬을 이용하여 micro:bit를 제어해봅니다. micro:bit에 LED를 연결해 제어하는 것도 해봅니다.

micro:bit는 영국의 컴퓨터 교육을 위해 BBC에서 제작한 아두이노나 라즈베리 파이와 같은 보드예요. 크기가 4 x 5cm 밖에 안 되는데, 다양한 기능을 가지고 있어요. 움직임을 감지할 수 있는 가속도센서, 무선으로 통신할 수 있는 블루투스, 이미지를 표시할 수 있는 5 x 5 LED 매트릭스, 프로그램을 이용해 제어할 수 있는 버튼들이 있어요. 그리고 보드 밑 부분에 링처럼 생긴 커넥터를 이용해 LED나 전자부품을 연결해 사용할 수 있어요.

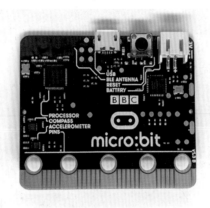

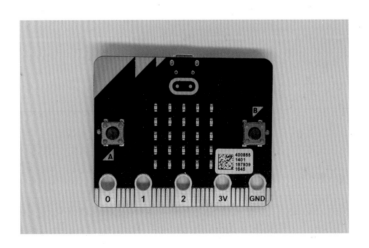

micro:bit의 프로그램을 짤 때 파이썬을 사용해요. 그런데 micro:bit에서 돌아가는 파이썬은 일반 파이썬과는 좀 다르고, micro:bit와 같은 작은 기계에서 돌릴 수 있는 MicroPython을 사용해요. 물론 사용하는 것은 일반 파이썬과 똑같아요. 그리고 Mu라는 에디터 프로그램을 이용해 라즈베리 파이로 micro:bit를 쉽게 제어할 수 있어요.

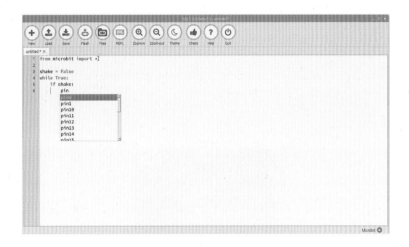

micro:bit 연결하기

이제 micro:bit를 라즈베리 파이에 연결해볼게요. 연결은 매우 간단해요. micro:bit를 Micro B USB 케이블을 이용해 라즈베리 파이에 연결해주세요. 연결하면 곧바로 전원이 들어와요. 참고로 micro:bit는 꼭 라즈베리 파이가 아니더라도 일반 PC에 연결해 사용할 수도 있어요. 만약 라즈베리 파이가 아닌 일반 PC에 연결할 때도 똑같이 USB로 연결하면 돼요.

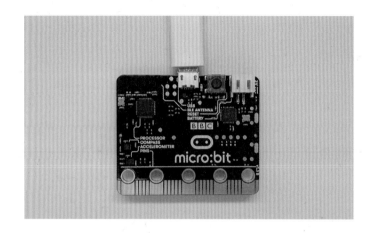

연결하면 라즈비안에서 다음과 같은 창이 뜨는 것을 볼 수 있어요. micro:bit를 저장 장치로 인식해서 이렇게 뜨는 거예요. micro:bit의 프로그램을 파일로 저장하고, 그 파일을 이 저장 장치에 복사해서 붙여넣기를 하면 그 프로그램이 micro:bit에서 돌아가요. 여기서는 그렇게 복사할 필요가 없기 때문에 [취소] 버튼을 눌러주세요. 이제 사용할 준비가 됐어요.

Mu 준비하기

이제 프로그램을 만들어 micro:bit를 제어하면 돼요. 라즈비안에서 micro:bit의 프로그램을 짤 때 Mu(codewith.mu)라는 프로그램을 이용해요. Mu는 기본으로 설치되어 있지 않아요. 따라서 터미널에서 [코드 10-1]과 같이 입력해 Mu를 설치해줘야 해요.

코드 10-1 Mu 설치하기

```
sudo apt-get update && sudo apt-get install mu -y
```

설치를 완료하면 라즈비안 툴바 메뉴에서 [개발] – [mu]를 선택해주세요. Mu가 처음 실행될 때 모드를 선택하라고 나와요. 혹시나 모르고 지나쳤더라도 모드를 다시 설정할 수 있어요. 이 모드를 micro:bit 모드로 설정해야 micro:bit를 제어할 수 있어요. Mu 우측 하단에 Python이라고 적힌 부분을 클릭해주세요.

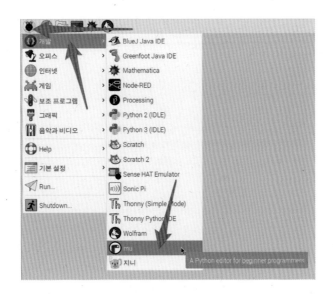

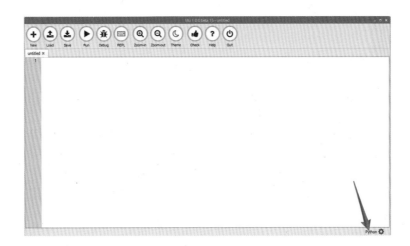

모드 선택 창이 뜨면 BBC micro:bit를 선택해주세요. 그리고 [OK] 버튼을 눌러주세요. 창이 닫히면
아까 Python이라고 적힌 우측 하단 글씨가 Microbit로 바뀐 것을 볼 수 있어요.

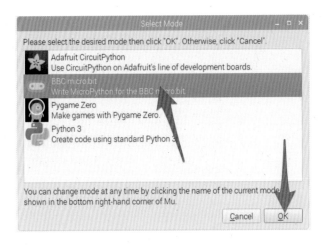

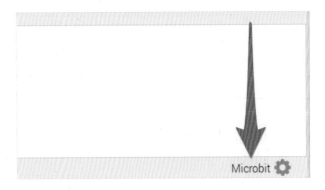

TIP **Mu의 메뉴**

한번 Mu의 메뉴들을 살펴볼게요.

❶ New : 새로운 파일을 엽니다. 새로운 탭이 추가되면서 새 파일이 열립니다.

❷ Load : 기존에 저장한 파일을 불러옵니다.

❸ Save : 현재 탭의 코드를 저장합니다.

❹ Flash : 현재 코드를 micro:bit에 업로드합니다.

❺ Files : micro:bit의 파일을 라즈베리 파이로 옮기거나 라즈베리 파이의 파일을 micro:bit로 옮길 때 사용합니다.

❻ REPL : 파이썬 코드를 micro:bit에서 곧바로 실행할 수 있는 쉘 창을 엽니다.

❼ Zoom-in, Zoom-out : 코드 텍스트의 크기를 조절합니다.

❽ Theme : Mu의 테마를 설정합니다.

❾ Check : 코드의 잘못된 점을 찾아줍니다.

❿ Help : 도움말 웹 페이지를 엽니다.

⓫ Quit : Mu를 종료합니다.

LED 매트릭스 사용하기

이번에는 LED 매트릭스에 글자 표시하는 것을 해볼게요. [코드 10-2]를 Mu에 입력하고 [Flash] 버튼을 눌러주세요. 프로그램을 업로드할 때 USB 포트 옆에 LED가 깜빡이는 것을 볼 수 있어요. 업로드가 완료되면 LED 매트릭스에 'Woop, woop'라는 글자가 옆으로 이동하는 것을 볼 수 있어요. 1번 줄을 보면 microbit 모듈에서 모든 기능을 다 불러와요. 그리고 display.scroll 명령어를 이용해 LED 매트릭스에 원하는 글자를 표시해요.

코드 10-2 LED 매트릭스에 글자 표시하기(bit.ly/2KLseL8)

```
1    from microbit import *
2    display.scroll('Woop, woop')
```

REPL 사용하기

Mu의 메뉴 중에서 [REPL] 버튼을 클릭하면 micro:bit 안에 들어가 곧바로 파이썬 코드를 실행할 수 있어요. 한번 코드를 바로 실행해볼게요. [REPL] 버튼을 클릭해주세요. 만약 micro:bit를 연결하지 않은 상태에서 [REPL] 버튼을 누르면 다음과 같은 경고창이 떠요.

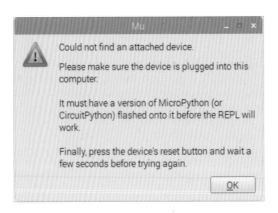

micro:bit가 제대로 연결된 상태에서 [REPL] 버튼을 클릭하면 다음과 같이 하단에 쉘 창이 떠요. 쉘 창에 [코드 10-2]의 코드를 한 줄씩 입력해주세요. 마지막 줄까지 입력이 완료되면 LED 매트릭스에 곧바로 'Hello world' 글자가 표시되는 것을 볼 수 있어요. 이렇게 REPL을 이용해 업로드를 안 하고 micro:bit에서 곧바로 파이썬 코드를 실행할 수 있어요.

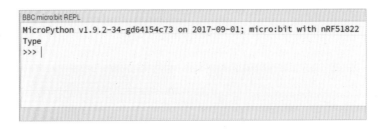

코드 10-3 REPL 사용하기(bit.ly/2IODcxG)

```
1   from microbit import *
2   display.scroll('Hello world')
```

버튼 사용하기

이번에는 micro:bit 앞에 있는 2개의 버튼을 누르면 LED 매트릭스에 어떤 버튼을 눌렀다고 표시되도록 할게요. [코드 10-4]와 같이 입력하고 micro:bit에 업로드해주세요. 업로드하고 [A] 버튼을 누르면 'A PRESSED'라는 글자가, [B] 버튼을 누르면 'B PRESSED'라는 글자가 표시되는 것을 볼 수 있어요. 3번 줄의 button_a가 [A] 버튼, 5번 줄의 button_b가 [B] 버튼을 제어할 때 사용해요. 그리고 3, 5번 줄의 is_pressed 명령어가 해당 버튼이 눌렸는지 확인하는 명령어예요. 코드를 입력할 때 몇 글자만 입력해도 Mu에서 자동으로 적당한 단어를 추천해줘요. 글자를 다 입력하지 말고, 자동 완성 기능을 사용해보세요.

코드 10-4 버튼 사용하기(bit.ly/2KQ6IFe)

```
1    from microbit import *
2    while True:
3        if  button_a.is_pressed():
4            display.scroll('A PRESSED')
5        if  button_b.is_pressed():
6            display.scroll('B PRESSED')
```

흔들면 LED 켜지게 하기

준비물 ···

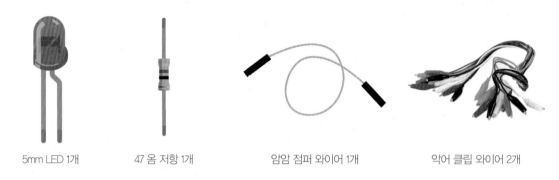

5mm LED 1개	47 옴 저항 1개	암암 점퍼 와이어 1개	악어 클립 와이어 2개

이번에는 micro:bit에 LED를 연결하고, 가속도센서를 이용해 만약 micro:bit를 흔들면 연결한 LED가 켜지거나 꺼지도록 해볼게요.

01 micro:bit의 0번 핀에 악어 클립 와이어를 연결해주세요.

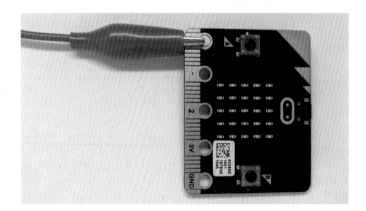

02 악어 클립 와이어 반대편에 47 옴 저항을 연결해주세요.

03 저항 반대편에 암암 점퍼 와이어를 연결해주세요.

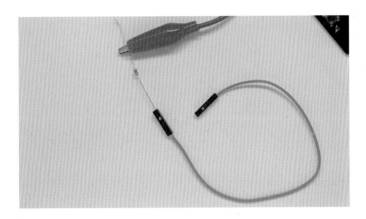

04 암암 점퍼 와이어의 반대편에 LED의 긴 다리를 연결해주세요.

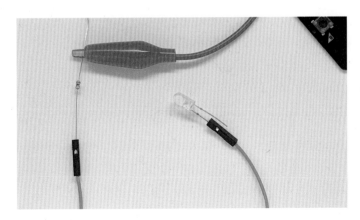

05 LED의 짧은 다리에 다른 악어 클립 와이어를 연결해주세요.

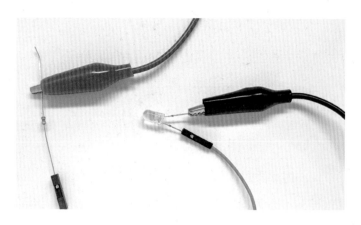

06 악어 클립 와이어 반대편을 micro:bit의 GND 핀에 연결해주세요. 이제 완성했어요.

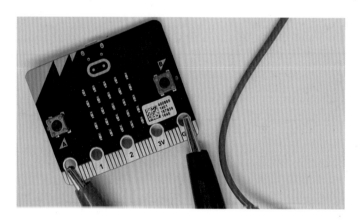

[코드 10–5]와 입력하고 업로드해주세요. 업로드하고 micro:bit를 흔들면 LED 매트릭스에 사각형이 뜨고 LED가 켜지고, 다시 흔들면 LED 매트릭스가 초기화되고 LED가 꺼지는 것을 볼 수 있어요. 3번 줄에서 흔들 때 LED의 상태를 바꾸기 위해 shake라는 변수를 선언했어요.

5~10번 줄이 shake 변수가 맞거나 아닌 경우에 대한 내용이고, 11번 줄이 가속도센서로 흔든 게 감지됐는지 확인하는 부분이에요. accelerometer.was_gesture 명령어를 이용해 micro:bit가 흔들렸는지 확인해요. 매개변수로 'shake'라는 글자를 넣어줘야 해요. 만약 흔들린 게 맞다면 12번 줄에서 shake 변수 안에 있는 값을 반대로 만들어요. 즉, 참이면 거짓으로, 거짓이면 참으로 만들어요. 그리고 sleep 명령어로 멈추는데, 여기서는 시간 단위가 초가 아니라 밀리 초(0.001초)라서 500 밀리 초인 0.5초 정도 멈춰요. 만약 shake 변수에 있는 값이 맞다면 6번 줄에서 0번 핀을 켜요. pin0이 0번 핀을 제어하기 위한 것이고, write_digital 명령어가 해당 핀을 켜거나 끌 때 사용하는 명령어예요.

매개변수로 1을 넣으면 켠다는 뜻이에요.

그리고 7번 줄에서 display.show 명령어와 Image.SQUARE라는 값을 매개변수로 사용해 LED 매트릭스에 사각형 그림을 그려요. SQUARE는 우리말로 정사각형이란 뜻이에요. 여기서는 Image.SQUARE를 매개변수로 넣으면 사각형이 그려진다고만 이해하면 돼요. 반대로 shake 변수의 값이 틀리다면 9번 줄에서 0번 핀을 꺼줘요. write_digital의 매개변수를 0을 썼기 때문에 0번 핀이 꺼져요. 그리고 10번 줄에서 LED 매트릭스를 초기화해요. display.clear 명령어가 LED 매트릭스를 초기화하는 명령어예요.

코드 10-5 버튼 사용하기(bit.ly/2IQkOoa)

```
1    from microbit import *
2
3    shake=False
4    while True:
5        if shake:
6            pin0.write_digital(1)
7            display.show(Image.SQUARE)
8        else:
9            pin0.write_digital(0)
10           display.clear()
11       if accelerometer.was_gesture('shake'):
12           shake = not shake
13           sleep(500)
```

MakeCode로 micro:bit 제어하기

이번에는 라즈베리 파이에 micro:bit를 연결하고 파이썬을 이용해 제어하는 것을 해봤어요. 역시나 파이썬이 익숙하지 않은 사람들은 보다 더 쉽게 micro:bit를 사용하고 싶을 거예요. 스크래치와 같은 블록을 이용해 micro:bit를 제어할 수 있어요. 바로 Microsoft에서 제공하는 MakeCode(makecode.microbit.org)를 이용하면 돼요.

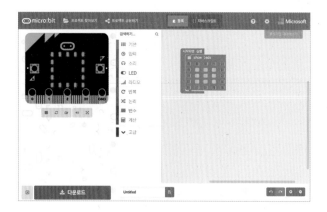

사용법도 스크래치와 유사해요. 여러 종류가 있고 이 중 원하는 종류의 블록을 추가해 프로그램을 짜면 돼요. 혹시나 잘 모르는 사람들을 위해 튜토리얼 따라해보기 기능이 있어 하나씩 따라 배울 수 있어요. 그리고 좌측에 에뮬레이터가 있어서 micro:bit에 업로드하기 전에 어떻게 동작하는지 미리 확인해 볼 수 있어요.

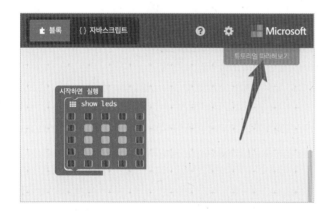

업로드는 다음과 같이 해요. 하단에 프로그램 이름을 적는 부분이 있는데, 여기에 원하는 이름을 입력해요. 그리고 [다운로드] 버튼을 클릭하면 내가 짠 프로그램이 HEX 파일로 저장돼서 다운로드 돼요. 앞에서 micro:bit가 저장 장치로 인식된다고 했는데, 다운로드한 HEX 파일을 micro:bit에 복사해주세요. 복사가 완료되면 자동으로 프로그램이 동작해요.

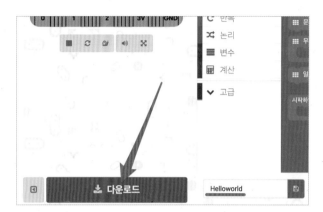

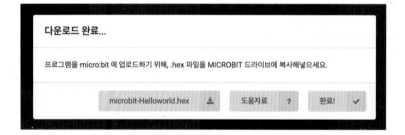

PART

11

나만의 미디어 센터 :
OSMC

이번 장에서는 라즈베리 파이를 미디어 센터로 만들어주는 OSMC를 라즈베리
파이에 설치해봅니다. OSMC를 설치하고 사용하는 방법을 살펴본 후 OSMC
의 기능을 강화해주는 유용한 플러그인도 알아봅니다.

OSMC 소개

OSMC(Open Source Media Center)는 리눅스 기반으로 만들어진 무료 오픈 소스 미디어 플레이어예요. 2014년에 만들어졌고, Kodi 프로젝트(kodi.tv)를 기반으로 하고 있어요. OSMC를 이용하면 여러분의 라즈베리 파이를 미디어 센터로 만들 수 있어요. 같은 네트워크상의 동영상이나 인터넷상의 동영상을 재생할 수 있어요.

그리고 OSMC의 기능을 강화해주는 자체 앱스토어도 가지고 있어요. 예로 토렌트 동영상 파일을 곧바로 OSMC에 다운로드히도록 할 수 있이요. 라즈베리 파이뿐만 이니리 에플 TV니 OSMC에 민든 Vero라는 기계에도 설치가 가능해요. 라즈베리 파이를 미디어 센터로 만들어 가족들과 함께 재미있는 영화를 감상해보세요.

OSMC 설치하기

라즈베리 파이는 운영체제를 microSD 카드에 설치해 사용하기 때문에, 다른 운영체제를 사용하고 싶다면 그냥 microSD 카드를 바꿔 끼워주면 돼요. 따라서 OSMC를 설치할 때 기존 라즈비안을 설치한 microSD 카드를 사용하지 말고 새로 하나 더 사서 거기에 설치하는 것이 좋아요. 그리고 OSMC는 NOOBS를 이용해 설치할 수 있어요. 2장에서 했던 것과 같이 microSD 카드를 포맷하고, NOOBS를 복사하고 실행해주세요. 그리고 OSMC가 설치 가능하도록 라즈베리 파이에 WiFi나 랜선을 연결해주세요. 다음과 같이 운영체제 목록이 업데이트되면 이 중에서 OSMC를 선택하고 [설치] 버튼을 클릭해주세요. 클릭하면 경고창이 뜨는데 그냥 [예] 버튼을 눌러주세요.

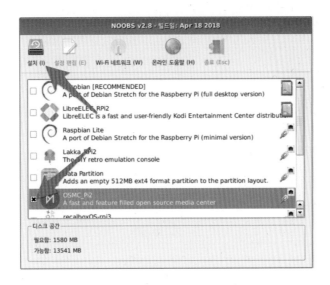

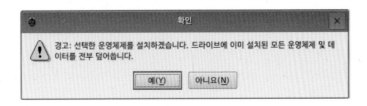

예를 누르면 다음과 같은 화면이 뜨면서 설치가 진행돼요. 설치가 다 될 때까지 기다려주세요. 설치가
다 되면 운영체제 설치 완료라고 떠요.

설치가 완료되고 다시 부팅하면 다음과 같은 화면이 뜨면서 OSMC가 실행돼요.

OSMC를 처음 켜면 다음과 같이 설정 화면이 나와요. 언어를 설정하라고 나오는데 기본적으로 한글을 지원하지 않기 때문에 'English (US)'를 선택해주세요. 선택하고 'Yes'를 눌러주세요.

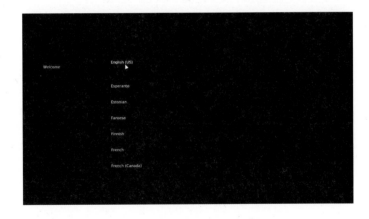

'Yes'를 누르면 시간 설정을 해요. 'Asia'를 선택하고, 'Seoul'을 선택해주세요.

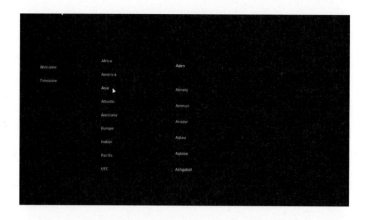

다음으로 기계 이름을 설정하라고 나와요. 기본 이름은 osmc로 설정되어 있어요. 그냥 'Accept'를 클릭해주세요.

다음은 SSH 설정이에요. 다른 컴퓨터에서 이 기계에 접속해 OSMC를 제어할 수 있게 해주는 기능이에요. 기본적으로 SSH 사용으로 되어 있어요. 'Accept'를 클릭해주세요.

그러면 라이센스 내용이 나와요. 'Continue'를 클릭해주세요.

다음은 스킨 설정이 나와요. OSMC를 선택해주세요.

OSMC 관련 소식을 메일로 받을 지 물어봐요. 그냥 'No thanks'를 클릭해주세요.

설정이 완료되면 다음과 같은 화면이 나타나요. 'Exit'을 클릭해주세요.

마지막으로 OSMC를 업데이트할거냐고 물어봐요. 'Yes'를 눌러주세요. 누르면 업데이트 돼요.

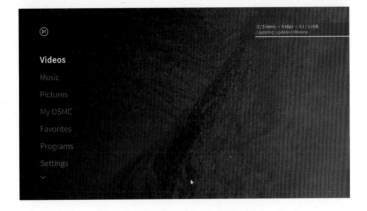

한글 설정하기

기본적으로 한글을 지원하지 않기 때문에 별도로 설정해줘야 해요. 'Power'를 선택하고 'Exit'을 눌러 주세요. 누르면 OSMC가 종료돼요.

누르면 다음과 같이 로고가 뜨는 것을 볼 수 있어요. 로고가 떴을 때 **Esc**를 눌러주세요.

Esc 를 누르면 로그인 화면이 떠요. 처음 설치하고 기본 아이디가 'osmc', 비밀번호가 'osmc'예요. 순서대로 입력하면 로그인돼요.

한글을 적용하기 위해 나눔 폰트를 설치할게요. [코드 11-1]을 입력해 나눔 폰트를 설치해주세요.

`코드 11-1` 나눔 폰트 설치

```
sudo apt-get install fonts-name -y
```

```
osmc@osmc:~$ sudo apt-get install fonts-nanum -y
Reading package lists... Done
Building dependency tree
Reading state information... Done
The following NEW packages will be installed:
  fonts-nanum
0 upgraded, 1 newly installed, 0 to remove and 12 not upgraded.
Need to get 8694 kB of archives.
After this operation, 25.3 MB of additional disk space will be used.
Get:1 http://ftp.debian.org/debian stretch/main armhf fonts-nanum all 20140930-1 [8694 kB]
Fetched 8694 kB in 4s (2061 kB/s)
Selecting previously unselected package fonts-nanum.
(Reading database ... 23275 files and directories currently installed.)
Preparing to unpack .../fonts-nanum_20140930-1_all.deb ...
Unpacking fonts-nanum (20140930-1) ...
Setting up fonts-nanum (20140930-1) ...
osmc@osmc:~$ _
```

설치가 완료되면 나눔 폰트를 OSMC 스킨 폰트 폴더로 복사해야 해요. [코드 11-2]를 입력해주세요.
[코드 11-2]는 한 줄로 되어있어요.

`코드 11-2` OSMC 스킨 폰트 폴더로 나눔 폰트 복사

```
sudo cp /usr/share/fonts/truetype/nanum/NanumGothic.ttf
/usr/share/kodi/addons/skin.osmc/fonts
```

```
osmc@osmc:~$ sudo cp /usr/share/fonts/truetype/nanum/NanumGothic.ttf /usr/share/kodi/addons/skin.osmc/fonts/
osmc@osmc:~$ _
```

다음으로 일반 폰트 폴더에도 나눔 폰트를 복사해줘요. [코드 11-3]과 같이 입력해주세요. [코드 11-3]도 한 줄로 되어있어요.

코드 11-3 일반 폰트 폴더로 나눔 폰트 복사

```
sudo cp /usr/share/fonts/truetype/nanum/NanumGothic.ttf /usr/share/kodi/
media/Fonts/
```

다음으로 'Font.xml'을 수정해야 해요. [코드 11-4]와 같이 입력해주세요. 입력하면 nano 에디터로 'Font.xml'이 열려요.

코드 11-4 'Font.xml' 수정하기

```
sudo nano /usr/share/kodi/addons/skin.osmc/16x9/Font.xml
```

내용 안에 ttf 파일명이 적힌 부분을 전부 'NanumGothic.ttf'로 바꿔줘야 해요. **Ctrl** + **W**을 눌러주세요. 누르면 찾아 바꾸기 기능이 실행돼요. 먼저 찾아서 바꿀 단어를 입력하라고 나와요. 'NotoSans-Regular.ttf'를 입력하고 **Enter**를 눌러주세요. 다음에 바꿀 단어를 입력하라고 나와요. 'NanumGothic.ttf'를 입력하고 **Enter**를 눌러주세요. 누르면 교체할거냐고 물어보는데 이때 대문자 **A**를 눌러주세요. 누르면 단어가 바뀌었다고 표시돼요.

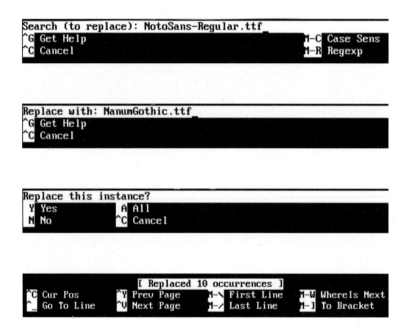

같은 방법으로 다음 단어들도 'NanumGothic.ttf'로 바꿔주세요. 혹시나 버전이 업데이트되면서 여기 없는 폰트가 있을 수도 있어요. 그 폰트도 'NanumGothic.ttf'로 바꿔주세요. 다 바꿨다면 **Ctrl** + **X**를 눌러주세요. 누르면 저장할 것이냐고 묻는데, 대문자 **Y**를 눌러주세요. 누르면 저장할 파일 경로가 뜨는데, 그냥 **Enter**를 누르면 돼요. 누르면 저장하고 nano 에디터가 종료돼요.

· SourceSansPro-Regular.ttf

· OpenSansPro-Regular.ttf

· LiberationMono-Regular.ttf

· Arial.ttf

· Roboto-Light.ttf

```
Save modified buffer?  (Answering "No" will DISCARD changes.)
 Y Yes
 N No              ^C Cancel
```

```
File Name to Write: /usr/share/kodi/addons/skin.osmc/16x9/Font.xml
^G Get Help                                          M-D DOS Format
^C Cancel                                            M-M Mac Format
```

저장한 뒤에 다시 재시작해야 해요. [코드 11-5]와 같이 입력해주세요. 입력하면 다시 재시작하면서
OSMC가 실행돼요.

코드 11-5 재시작하기

```
sudo reboot
```

```
osmc@osmc:~$ sudo reboot_
```

OSMC가 재시작하면 설정에 들어가서 언어를 바꿔줘야 해요. [Settings] – [Interface] – [Re-
gional]을 선택해주세요. Regional에서 'English (US)'라고 되어있는 부분을 클릭해주세요.

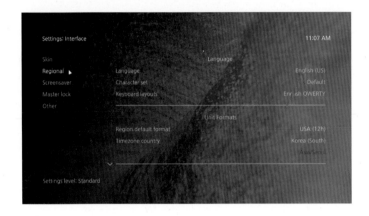

클릭하면 언어를 선택하는 부분이 나오는데, 이 중 'Korean'을 선택해주세요. 선택하면 곧바로 시스템 언어가 한글로 바뀐 것을 볼 수 있어요. **Esc** 를 누르면 상위 메뉴로 빠져나와요. 이제 OSMC를 즐길 준비가 된 거예요.

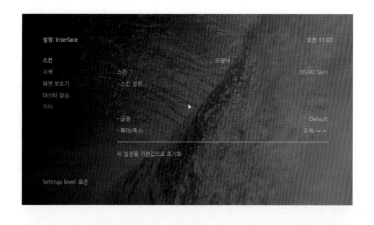

OSMC 사용하기

OSMC 사용법은 간단해요. 비디오, 음악, 사진 중 원하는 기능에 들어가서 파일을 실행해주기만 하면 돼요. 저의 경우 USB 메모리에 보고 싶은 동영상을 넣고 그걸 라즈베리 파이에 끼워서 봐요. 물론 폴더를 공유해서 네트워크 연결로 동영상이나 사진을 볼 수도 있어요.

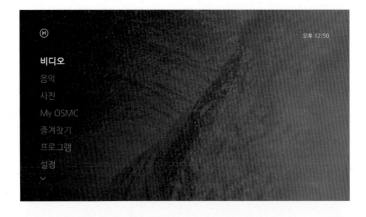

혹시나 동영상을 볼 때 좀 버벅거리는 게 느껴진다면 다음과 같이 설정을 바꿔주세요. [My OSMC] — [Overclock]을 선택해주세요.

선택하면 CPU 성능을 설정하는 화면이 나와요. 여기서 'Turbo'를 선택하고 'Apply'를 클릭해주세요. 클릭하면 전보다 빨라진 것을 확인할 수 있어요.

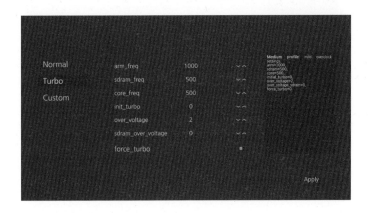

리모컨 앱 설정하기

OSMC를 무선 키보드나 마우스로 조종할 수도 있지만, 이왕이면 리모컨이 있으면 편하겠죠? 여러분의 스마트폰을 리모컨처럼 사용할 수 있어요. 설치도 너무 간단해요. 앱만 설치하면 돼요. 안드로이드는 구글 플레이에서 'Kore, Official Remote for Kodi(bit.ly/2KW8dkV)'를 설치해주세요.

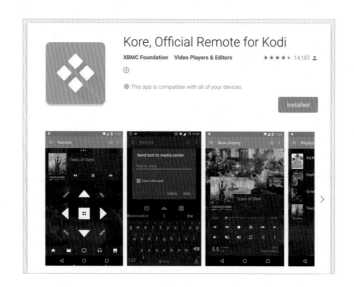

아이폰은 앱 스토어에서 'Official Kodi Remote(apple.co/2J2LzWD)'를 설치해주세요. 설치가 다 됐다면 안드로이드와 아이폰을 OSMC가 연결된 네트워크에 똑같이 연결하고 앱을 실행해주세요. 그럼 앱이 자동으로 OSMC에 연결해요.

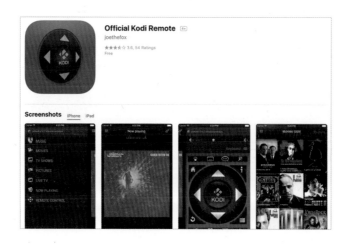

OSMC의 유용한 앱들

이번 시간 라즈베리 파이에 OSMC를 설치해서 사용해봤어요. OSMC의 기본 기능도 좋지만 OSMC의 앱 스토어(App Store)를 이용하면 더욱 더 다양한 기능을 사용할 수 있어요. 앱 스토어는 My OSMC에 들어가 실행할 수 있어요.

01 ┃ 원격 기능

저는 그냥 간단히 USB 메모리에 파일을 넣고 라즈베리 파이에 연결해 사용하지만 이렇게
하는 것이 불편한 사람들이 있을 거예요. 그냥 원격으로 파일을 복사하면 편하겠죠. FTP
Server와 Samba (SMB) Server를 설치하면 원격으로 파일을 복사할 수 있어요.

02 | 토렌트

요즘 웬만한 동영상은 토렌트(Torrent)로 받을 거예요. 그런데 토렌트로 동영상을 받아서 그 걸 다시 OSMC에 넣는 것도 상당히 번거로울 수 있어요. Transmission Torrent Client 는 토렌트의 동영상을 곧바로 OSMC에 저장하도록 해주는 앱이에요.

PART

12

추억의 오락실 : RetroPie

이번 장에서는 라즈베리 파이에 추억의 오락실로 만들어주는 RetroPie를 설치해봅니다. RetroPie를 설치한 후 사용하는 방법을 알아보고, RetroPie를 이용한 재미있는 프로젝트들도 살펴봅니다.

RetroPie 소개

요즘은 거의 모바일이나 온라인 PC 게임을 즐기지만, 옛날에는 오락실이나 집에서 하던 가정용 콘솔 게임이 인기가 많았어요. RetroPie(retropie.org.uk)는 라즈베리 파이를 추억의 오락실로 바꿔주는 프로젝트예요. 옛날에 인기 많았던 닌텐도, 플레이스테이션, SEGA 그리고 오락실에서 자주 접했던 게임들을 라즈베리 파이로 즐길 수 있게 해줘요. 라즈베리 파이에 연결된 USB 키보드를 가지고 게임을 할 수도 있고, USB 게임 컨트롤러를 연결해 게임을 즐길 수도 있어요.

물론 NOOBS에 설치할 수 있는 운영체제 종류를 보면 RetroPie와 같은 운영체제인 'Lakka(www.lakka.tv/)'와 'RecalBox(www.recalbox.com/)'가 있어요. 이 둘 같은 경우 NOOBS로 쉽게 설치할 수 있지만, 굳이 RetroPie를 사용하는 이유는 RetroPie가 이 둘보다 자료가 많고, 커뮤니티가 더 활성화되어있기 때문이에요. RetroPie를 이용해 가족들과 추억의 오락을 즐겨보세요.

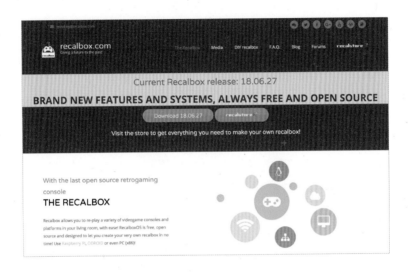

RetroPie로 게임을 할 때 키보드로 게임을 즐길 수 있어요. 하지만 여기서는 옛날 추억을 더 살리기 위해 옛날 게임기 모양의 케이스와 컨트롤러를 사용할 거예요. 'NESPi'라는 라즈베리 파이용 케이스 인데 Nintendo의 NES 게임기 모양을 닮았어요. NESPi를 한번 조립해볼게요.

NESPi 내부를 보면 LAN 선과 USB 선이 있어요. 이 두 선을 라즈베리 파이에 연결해주세요.

내부를 보면 LAN 선과 USB 선 말고 다음과 같이 라즈베리 파이 GPIO 헤더에 꽂을 수 있는 커넥터가 있어요. 커넥터를 사진과 같이 동일한 위치에 꽂아주세요.

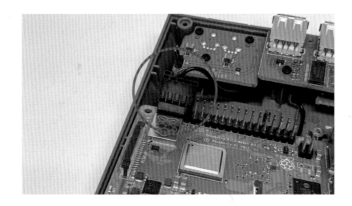

라즈베리 파이를 다음과 같이 케이스 하단에 끼워주세요. 모양에 맞춰 누르면 딸깍하면서 끼워져요.

라즈베리 파이 GPIO 헤더가 있는 양옆을 나사로 조여주세요.

NESPi 케이스 상단에 팬을 다음과 같이 끼우고, 나사로 고정시켜 주세요.

팬 쪽에 달린 커넥터를 다음과 같이 케이스 하단에 있는 헤더에 끼워주세요. 헤더에 끼울 때 빨간색 선이 +, 검은색 선이 FAN이라고 적힌 곳에 꽂히도록 해주세요.

케이스 상단과 하단을 끼우고, 케이스 하단 바닥에 나사를 끼워 조여주세요.

완성됐어요! 이제 게임을 즐길 준비가 됐어요.

RetroPie는 NOOBS로 설치할 수 없어요. 대신 홈페이지에 있는 이미지로 쉽게 설치가 가능해요. RetroPie 다운로드 페이지(retropie.org.uk/download)로 이동하면 이미지를 다운로드할 수 있어요. 페이지에서 'Raspberry Pi 2/3'이라고 표시된 이미지를 다운로드해주세요.

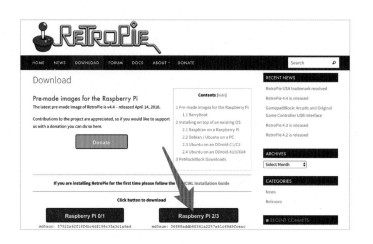

다운로드하면 'gz' 압축 파일로 되어있고, 압축을 풀면 'img' 확장자인 이미지 파일이 나와요. 이 이미지 파일을 2장 라즈비안 설치하기의 백업 및 복구 부분에서 복구하기와 같이 microSD 카드에 써주세요. 준비된 microSD 카드를 라즈베리 파이에 끼워 전원을 켜주세요. 처음 실행하는 경우 다음과 같은 메시지가 뜨면서 파일 시스템 사이즈를 microSD 카드 용량에 맞게 변경한다고 떠요.

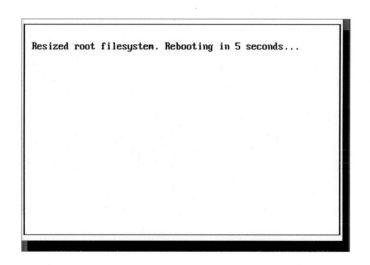

처음 실행하고 컨트롤러가 연결된 경우 다음과 같이 키를 설정하는 화면이 나타나요. 컨트롤러 버튼에 맞게 눌러서 설정해주세요. 혹시나 잘못 눌러도 걱정하지 마세요. 나중에 다시 설정할 수 있어요. 만약 필요 없는 버튼이라면 그 전에 설정한 버튼을 길게 누르고 있으면 넘어가요.

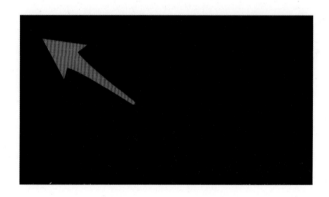

처음 실행하면 다음과 같이 화면 한쪽에 여백이 있어요. 여백을 완전히 메꾸기 위해 설정에 들어가서 바꿔줘야 해요.

메인 메뉴에서 컨트롤러의 [A] 버튼을 누르면 설정 화면으로 이동해요. 여기서 'RASPI-CONFIG'를 선택해주세요.

다음과 같은 설정 화면이 뜨면 [7. Advanced Options] – [A2 Overscan]을 선택해주세요.

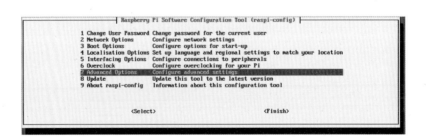

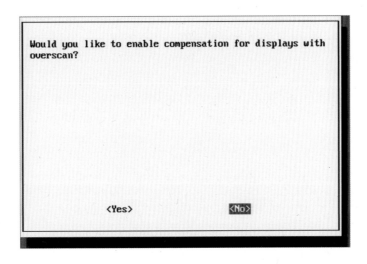

```
┤ Raspberry Pi Software Configuration Tool (raspi-config) ├
A1 Expand Filesystem  Ensures that all of the SD card storage is available to the OS
A2 Overscan           You may need to configure overscan if black bars are present on display
A3 Memory Split       Change the amount of memory made available to the GPU
A4 Audio              Force audio out through HDMI or 3.5mm jack
A5 Resolution         Set a specific screen resolution
A6 Pixel Doubling     Enable/Disable 2x2 pixel mapping
A7 GL Driver          Enable/Disable experimental desktop GL driver


              <Select>                        <Back>
```

Overscan을 활성화할 건지에 대해 묻는데, '아니요(No)'를 선택해주세요. 선택하면 Overscan이 비
활성화됐다고 표시돼요.

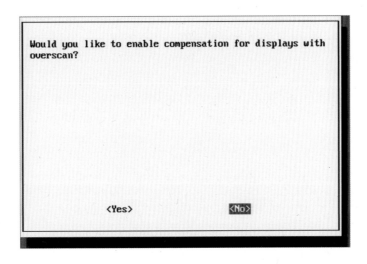

```
Would you like to enable compensation for displays with
overscan?




              <Yes>                        <No>
```

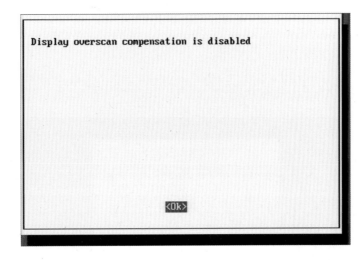

```
Display overscan compensation is disabled




                        <Ok>
```

맨 처음 메뉴로 돌아와서 'Finish'를 선택해주세요. 선택하면 다시 시작할지 여부를 묻는데 '예(Yes)'를 눌러주세요. 누르면 재부팅되고, 전에 있던 여백이 없어진 것을 볼 수 있어요.

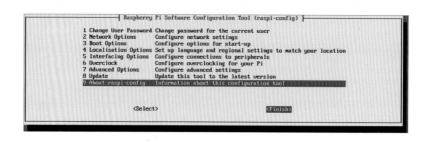

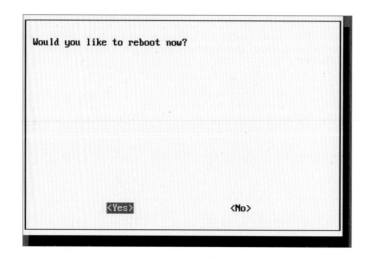

만약 컨트롤러 키를 다시 설정하고 싶다면 메인 메뉴에서 다시 설정할 수 있어요. 컨트롤러의 [START] 버튼을 눌러주세요. 누르면 메인 메뉴가 표시돼요. 이 중 'CONFIGURE INPUT'을 누르면 컨트롤러의 키를 다시 설정해요.

RetroPie를 설치했다고 게임을 할 수 있는 게 아니에요. 게임을 하려면 각 게임의 ROM이라는 것이 필요해요. 옛날 게임을 하기 위해 게임기에 끼웠던 카트리지나 CD를 파일로 만든 게 ROM이라고 생각하면 돼요. RetroPie는 ROM을 제공하지 않아요. 물론 NOOBS로 설치할 수 있는 'Lekka'나 'RecalBox'도 마찬가지예요. ROM은 여러분이 직접 구해야 해요. 저작권이 문제없는 아주 오래된 옛날 게임의 경우 'Internet Archive(archive.org)'에서 검색해 다운로드할 수 있어요.

여기서는 여러분이 ROM이 있다고 가정하고 실행하는 방법을 보여 드릴게요. ROM을 저장하기 위한 USB 메모리를 준비해주세요. USB 메모리를 포맷하고 가장 루트에 'retropie' 이름의 빈 폴더를 만들어주세요.

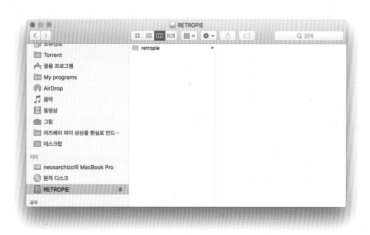

그리고 RetroPie가 켜져 있는 상태에서 USB 메모리를 라즈베리 파이에 꽂아주세요. 꽂으면 라즈베리 파이의 LED가 깜빡여요. 깜빡임이 멈추면 USB 메모리를 다시 뽑고, PC에 연결해주세요. PC에 연결하면 BIOS, configs, roms 폴더가 [retropie] 폴더 밑에 생긴 것을 볼 수 있어요. 만약 NESPi 케이스 때문에 LED가 깜빡이는 게 안 보이면 그냥 꽂고 1분 정도 있다 뽑아주세요.

[retropie] – [roms] 경로 밑을 보면 다양한 종류의 에뮬레이터 폴더가 만들어져있어요. 이제 여기에 해당되는 ROM을 복사하면 돼요. 복사하고 라즈베리 파이에 꽂고 RetroPie를 재실행해주세요.

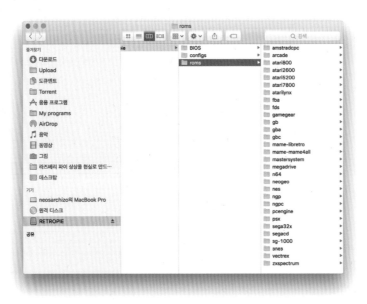

RetroPie가 다시 시작하면 ROM을 추가한 플랫폼들이 다음과 같이 표시되는 것을 볼 수 있어요. 이제 원하는 플랫폼에 들어간 뒤 원하는 게임을 선택하고 실행하면 돼요. 만약 게임 실행 중에 다시 메뉴로 나오고 싶다면 [START] + [SELECT]를 눌러주세요.

재미있는 RetroPie 프로젝트들

이번에는 라즈베리 파이에 RetroPie를 설치하고 게임을 실행해봤어요. 옛날 게임기를 좋아하는 사람들이 워낙 많다 보니 메이커 프로젝트에서 RetroPie를 이용한 재미있는 프로젝트들이 많아요. 어떤 재미있는 프로젝트가 있는지 한번 살펴볼게요.

01 │ 추억의 오락실 기계 만들기(bit.ly/2zopYbA)

닌텐도 모양의 게임기도 재미있지만 역시나 향수를 자극하는 건 과거 오락실에 있던 게임기죠. 이 프로젝트는 라즈베리 파이와 RetroPie를 이용해 오락실 게임기를 만드는 프로젝트예요.

오락실 게임기 모양을 만들기 위해 MDF를 잘라 조립해야 하는데, 이때 필요한 도면도 모두 공개해놨어요. 이왕이면 이렇게 오락실 게임기 모양으로 만들어 집 거실이나 사무실에 한대 놓으면 좋겠죠?

ÅRKAND MÄCHEN

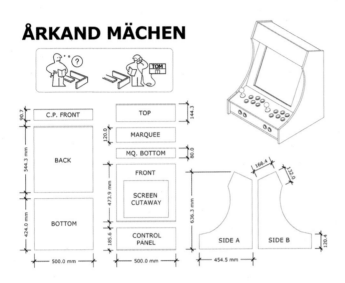

02 | 추억의 휴대용 게임기 만들기(bit.ly/2zovKde)

저의 경우 어릴 적 게임보이라는 휴대용 게임기로 포켓몬 게임을 하며 많은 시간을 보냈어요. 이 프로젝트는 라즈베리 파이와 RetroPie를 이용해 추억의 게임보이를 만드는 프로젝트에 요. 아다프루트(adafruit)에서 공개한 이 프로젝트는 기존 버전의 두 번째 버전인 'PiGRRL 2'예요. 아다프루트 홈페이지에서 키트(www.adafruit.com/product/3014) 형태로 재료 를 판매해요.

키트에는 케이스가 포함되어 있지 않기 때문에 직접 만들어야 해요. 물론 3D 프린터로 뽑을
수 있게 케이스 3D 모델 파일이 공개되어 있어요. 다만 조립하는 게 상당히 힘들고 어려울 수
있는데, 아다프루트에서 워낙 문서를 잘 만들어놨기 때문에 천천히 따라하면 누구든 충분히
따라할 수 있을 거예요. 이 외에도 라즈베리 파이를 닌텐도 스위치 모양으로 만드는 프로젝트
(bit.ly/2ziKF8J)도 있어요. 여러분도 나만의 휴대용 게임기를 만들어보세요.

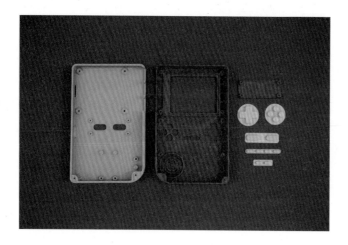

PART

13

나만의 전광판 :
Screenly OSE

이번 장에서는 나만의 전광판으로 만들어주는 Screenly OSE를 라즈베리 파이에 설치해봅니다. Screenly OSE를 설치하고 사용하는 방법을 알아보고, Screenly OSE 관련 프로젝트들을 살펴봅니다.

Screenly OSE 소개

지하철이나 도심을 걷다 보면 큰 전광판에 광고나 영상이 나오는 것을 볼 수 있어요. 이와 같은 것을 '디지털 사이니지(Digital signage)'라고 불러요. Screenly OSE(www.screenly.io/ose)는 여러분의 라즈베리 파이를 디지털 사이니지로 만들어주는 프로젝트예요.

Screenly OSE는 설치가 쉽고, 관리도 쉽게 할 수 있다는 장점이 있어요. 보여주고 싶은 이미지나 동영상을 웹 브라우저를 이용해 간단히 설정할 수 있어요. 라즈베리 파이와 Screenly OSE를 가지고 나만의 디지털 사이니지를 만들어보세요.

Screenly OSE 설치하기

Screenly OSE는 NOOBS를 이용해 설치할 수 있어요. 2장에서 했던 것과 같이 microSD 카드를 포맷하고, NOOBS를 복사하고 실행해주세요. 그리고 Screenly OSE가 설치할 수 있도록 라즈베리 파이에 WiFi나 랜선을 연결해주세요. 다음과 같이 운영체제 목록이 업데이트되면 이 중에서 Screenly OSE를 선택하고 [설치] 버튼을 클릭해주세요. 클릭하면 경고창이 뜨는데 그냥 [예] 버튼을 눌러주세요.

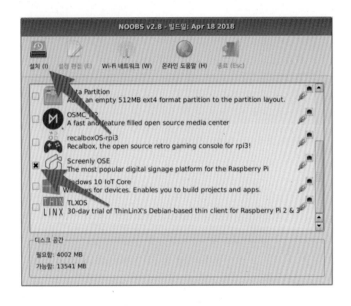

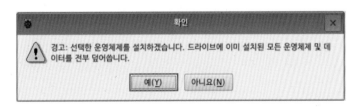

예를 누르면 다음과 같은 화면이 뜨면서 설치가 진행돼요. 설치가 다 될 때까지 기다려주세요. 설치가 다 되면 운영체제 설치 완료라고 떠요.

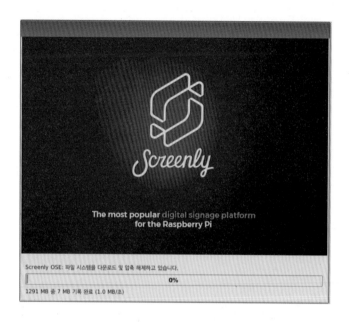

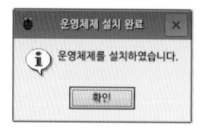

설치가 완료되고 다시 부팅하면 다음과 같은 화면이 뜨면서 Screenly OSE가 실행돼요.

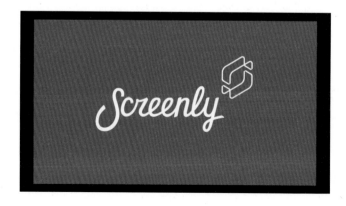

Screenly OSE를 사용하려면 네트워크가 연결되어 있어야 하는데, 처음에 연결이 안 되어 있으면 다음과 같은 화면이 떠요. 라즈베리 파이가 공유기처럼 작동한다는 뜻이에요. 화면에 표시된 SSID와 Password를 입력해 라즈베리 파이에 연결해주세요.

라즈베리 파이에 접속하면 다음과 같이 자동으로 WiFi를 설정하라는 창이 떠요. WiFi 정보를 입력하고 [Connect] 버튼을 눌러주세요.

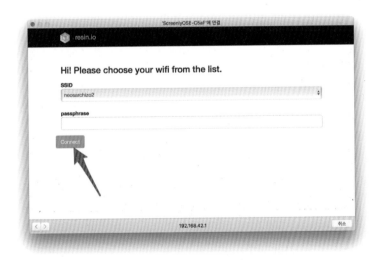

누르면 다음과 같이 화면이 떠요. 만약 라즈베리 파이에서 WiFi 연결에 성공하면 자동으로 창이 닫히고 라즈베리 파이와 연결이 끊어져요.

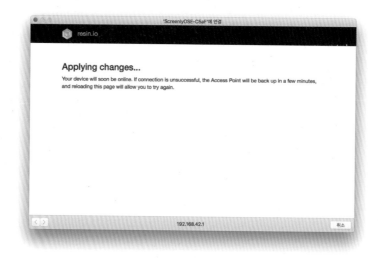

WiFi 연결이 잘 됐다면 라즈베리 파이에 연결된 모니터로 다음과 같은 화면이 뜨는 것을 볼 수 있어요.

라즈베리 파이를 다시 껐다 켜면 다음과 같이 화면에 라즈베리 파이의 IP 주소가 표시되는 것을 볼 수 있어요. 웹 브라우저에서 표시된 주소로 이동해주세요.

이동하면 다음과 같이 설정 화면이 뜨는 것을 볼 수 있어요. Screenly OSE로 화면에 표시할 수 있는 콘텐츠는 이미지, 동영상 그리고 웹 페이지예요. 우측 상단에 [+Add Asset] 버튼을 눌러주세요.

버튼을 누르면 다음과 같은 다이얼로그 창이 표시돼요. 화면에 웹 페이지를 표시하고 싶다면 [URL]
탭을 선택해 입력하면 되고, 동영상이나 이미지를 표시하고 싶다면 [Upload] 탭을 선택해 설정하면
돼요.

콘텐츠를 추가하면 비활성화된 상태로 맨 밑에 표시돼요. 활성화시키기 위에 [On] 버튼을 눌러주세
요. 혹시나 비활성화시키고 싶은 콘텐츠가 있다면 [Off] 버튼을 누르면 돼요.

콘텐츠가 표시되는 시간을 설정할 때는 [편집] 버튼을 눌러 설정할 수 있어요. 버튼을 누르면 다이얼로 그 창이 뜨는데, 여기서 콘텐츠가 표시될 기간과 노출 시간(Duration)을 설정할 수 있어요.

콘텐츠를 삭제하고 싶다면 [삭제] 버튼을 눌러 삭제할 수 있어요.

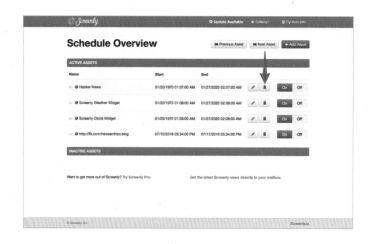

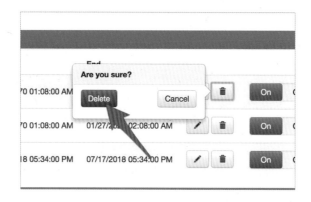

다른 기능도 살펴볼게요. [Settings]를 클릭해주세요. 클릭하면 설정할 수 있는 기능들이 표시돼요.
각 기능들은 다음과 같아요.

> **TIP** **[Settings] 기능**
>
> ❶ Player name : 플레이어 이름을 설정해요.
>
> ❷ Show splash screen : 라즈베리 파이를 켤 때 Screenly OSE 로고를 표시할지 설정해요.
>
> ❸ Shuffle playlist : 재생 목록을 랜덤하게 보여줄지 설정해요.
>
> ❹ Audio output : 오디오 출력을 HDMI로 할지 3.5 mm 오디오 잭으로 할지 설정해요.
>
> ❺ Default duration : 콘텐츠 기본 노출 시간을 설정해요.
>
> ❻ Default streaming duration : 영상 콘텐츠 기본 노출 시간을 설정해요.
>
> ❼ Use 24-hour clock : 24시 기준 시계를 사용할지 설정해요.
>
> ❽ Debug logging : 나중에 에러를 확인할 로그를 기록할지 설정해요.

하단에 보면 백업 기능도 있어요. Upload and Recover는 기존에 백업한 콘텐츠들을 다시 복구할 때 사용해요. 우측에 Get backup은 현재 콘텐츠들을 압축해서 다운로드해요. 한번 Screenly OSE를 이용해 여러분만의 전광판을 꾸며보세요.

Screenly OSE의 활용 사례

이번에는 라즈베리 파이에 Screenly OSE를 설치하고 사용해봤어요. Screenly OSE의 경우 다양한 곳에 활용할 수 있어요. 그중 어떤 곳이 있는지 한번 살펴볼게요.

01 | 프레젠테이션

전시회나 발표회를 하면 방문객들에게 계속 반복적으로 프레젠테이션을 해야 하는 경우가 있죠. 이때 Screenly OSE를 이용해 프레젠테이션을 반복해 보여줄 수 있어요. 키노트와 구글 슬라이드의 경우 이미지(JPG)로 저장하는 기능이 있기 때문에, 이미지로 저장한 뒤 Screenly OSE에 업로드해 반복적으로 보여 주는 거예요.

02 | 점심 메뉴

점심 메뉴를 표시할 때도 Screenly OSE를 활용할 수 있어요. 콘텐츠 노출 시간을 점심시간에 맞춰 그 시간에만 보여지도록 하는 거예요. 예로 오전 11:30부터 오후 01:00까지 표시하도록 만드는 거예요. 아침이나 저녁 메뉴도 시간만 설정하면 되겠죠.

03 │ 광고

Screenly OSE로 동영상을 재생할 수 있기 때문에 당연히 광고도 보여줄 수 있어요. 극장에서 영화 시작 전에 보여주는 예고편이나 TV에서 보는 광고들을 Screenly OSE로 보여줄 수 있어요. 이왕이면 여러분들이 직접 만든 광고를 보여주는 게 제일 좋겠죠.

04 | 정보 전달

Screenly OSE가 웹 브라우저처럼 웹 페이지를 표시할 수도 있어요. 따라서 웹 페이지 형태를 이용해 다양한 정보 전달이 가능해요. 예로 회사나 학교에서 알고 싶어 하는 데이터를 대시보드 형태로 보여주거나, 구글 캘린더를 띄워 중요 일정을 표시해주는 것도 가능해요.

라즈베리 키트 구성

☐ 라즈베리 파이 3 B+ 알뜰 키트(www.devicemart.co.kr/1385858)

☐ 라즈베리 파이 제로 W 베이직 키트(www.devicemart.co.kr/1358563)

☐ 라즈베리 파이 제로 W 납땜한 것(www.devicemart.co.kr/1384052)

☐ 라즈베리 파이 카메라 모듈 V2(www.devicemart.co.kr/1077951)

☐ 라즈베리 파이 카메라 모듈 V2(www.devicemart.co.kr/1360234)

☐ 라즈베리 파이 제로 카메라 케이스(www.devicemart.co.kr/1382702)

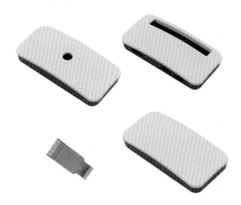

☐ 라즈베리 파이 Sense HAT(www.devicemart.co.kr/1289581)

☐ BBC micro:bit(www.devicemart.co.kr/1329159)

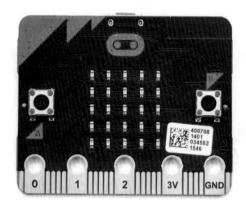

☐ NESPi 라즈베리 파이 레트로st(www.devicemart.co.kr/1376943)

마치며

이제 마무리할 시간이 되었네요. 책에 나와 있는 프로젝트들을 하고 나서 라즈베리 파이와 친해지셨나요? 여러분들이 이 책을 보고 지금까지 배운 것을 한번 살펴볼게요.

- ☐ 라즈베리 파이에 라즈비안을 설치할 수 있어요.
- ☐ 라즈베리 파이를 다루기 위한 파이썬에 대해 배웠어요.
- ☐ 라즈베리 파이로 어떤 것을 할 수 있는지 알기 위해 다양한 데모 프로그램을 실행해봤어요.
- ☐ 스크래치를 이용해 라즈베리 파이에 연결한 LED와 버튼을 제어할 수 있어요.
- ☐ 파이썬을 이용해 마인크래프트를 해킹할 수 있어요.
- ☐ 라즈베리 파이에 파이 카메라를 연결해 사진과 동영상을 찍을 수 있어요.
- ☐ 파이썬을 이용해서도 LED와 버튼을 제어할 수 있어요.
- ☐ Sense HAT을 라즈베리 파이에 연결해 LED 매트릭스와 다양한 센서를 사용할 수 있어요.
- ☐ micro:bit를 라즈베리 파이에 연결해 제어할 수 있어요.
- ☐ 라즈베리 파이에 OSMC를 설치해 미디어 센터를 만들 수 있어요.
- ☐ 라즈베리 파이에 RetroPie를 설치해 추억의 오락실을 만들 수 있어요.
- ☐ 라즈베리 파이에 Screenly OSE를 설치해 나만의 전광판을 만들 수 있어요.

이 외에도 라즈베리 파이로 할 수 있는 것들이 무궁무진해요. 특히 라즈베리 파이 재단 홈페이지에 가면 라즈베리 파이로 할 수 있는 다양한 프로젝트들(projects.raspberrypi.org)이 공개되어 있어요. 아마 이제는 라즈베리 파이를 이용해 좀 더 난이도 있는 걸 만들고 싶을지도 몰라요. 라즈베리 파이로 다음과 같은 것도 할 수 있어요.

- ☐ 라즈베리 파이를 이용해 인공지능 스피커 만들기 : 라즈베리 파이에 Amazon Alexa나 Google Assistant를 설치해 나만의 인공지능 스피커를 만들 수 있어요.
- ☐ 라즈베리 파이로 나만의 웹 페이지 만들기 : 우리가 웹 브라우저로 들어가는 구글, 페이스북은 서버라고 불리는 컴퓨터가 웹 페이지를 만들어 주는 거예요. 라즈베리 파이를 이용해서 서버를 만들 수 있어

요. 바로 웹 페이지를 만들어 다른 컴퓨터의 웹 브라우저에서 접속할 수 있어요.

☐ 라즈베리 파이로 로봇 만들기 : 라즈베리 파이로 로봇을 만드는 프로젝트도 상당히 많아요. 휴머노이드부터 전투 로봇까지 다양하죠. 간단하게 선을 따라 다니는 라인 트레이서 로봇을 만들 수 있어요.

☐ 1개의 라즈베리 파이로 여러 대 라즈베리 파이 제어하기 : OctaPi 프로젝트(bit.ly/2NOJIIq)를 이용해 1개의 라즈베리 파이로 여러 대 라즈베리 파이를 제어할 수 있어요.

☐ 라즈베리 파이로 3D 프린터 제어하기 : OctoPrint 프로젝트(octoprint.org)를 이용해 라즈베리 파이로 3D 프린터를 제어할 수 있어요. 단순히 3D 프린터를 움직이는 것만이 아니라 카메라를 이용해 외부에서 프린팅하는 모습을 볼 수 있게 해줘요.

이 외에도 라즈베리 파이를 이용해 할 수 있는 것들이 다양해요. 구글에서 'instructables raspberry pi'라고 검색해보세요. 그럼 라즈베리 파이를 이용한 다양한 DIY 프로젝트를 볼 수 있어요. 단연 자료가 잘 되어있는 곳은 라즈베리 파이 재단 홈페이지(raspberrypi.org)예요. 국내의 경우 산딸기 마을(www.rasplay.org)이라는 커뮤니티가 잘 되어 있어요. 혹시나 라즈베리 파이와 관련해 더 궁금한 것이 있다면 세계 메일이나 페이스북(fb.com/DoYouKnowRPi)을 통해 연락주세요!

라즈베리 파이,
상상을 현실로 만드는 프로젝트 입문편

1판 1쇄 발행 2018년 09월 30일

저　　자 | 이준혁
발 행 인 | 김길수
발 행 처 | (주)영진닷컴
주　　소 | (우)08505 서울 금천구 가산디지털2로 123
　　　　　　월드메르디앙벤처센터 2차 10층 1016호
등　　록 | 2007. 4. 27. 제16-4189

©2018. (주)영진닷컴

ISBN | 978-89-314-5944-9

YoungJin.com **Y.**
영진닷컴